Adolf Keller

Eine Sinai-Fahrt

weitsuechtig

Adolf Keller

Eine Sinai-Fahrt

ISBN/EAN: 9783956561016

Auflage: 1

Erscheinungsjahr: 2013

Erscheinungsort: Bremen, Deutschland

weitsuechtig

Eine Sinai=Fahrt

Von

Adolf Keller

Mit zahlreichen Abbildungen nach Originalaufnahmen
und einer Karte der Sinaihalbinsel

1901
Verlag von J. Huber in Frauenfeld

Meinen lieben Eltern

gewidmet

Vorwort.

Die Reise, deren Beschreibung die umstehenden Blätter füllt, ist im Sommer 1898 im Auftrage von Herrn Professor D. Freiherr von Soden in Berlin unternommen worden. Sie hatte den Zweck, zwei andern Theologen, meinen Freunden Cand. Glaue und Lic. Knopf, die schon über zwei Monate lang im Katharinenkloster in angestrengter Bibliotheksarbeit verbracht hatten, für den Rest ihres Aufenthaltes Hilfe zu bringen; gleichzeitig hatte ich ihnen eine größere Summe Geldes zu übermitteln; auch war ihnen die frische Zufuhr von Lebensmitteln sehr erwünscht, da sich ihre eigenen Vorräte in sehr ungleicher Weise vermindert hatten. Diesen beiden Freunden seien diese Blätter vor allen Dingen gesandt als ein herzlicher Freundesgruß und ein Erinnerungszeichen an die gemeinsam verlebten schönen Tage großartiger Wüsten= einsamkeit. Sie werden uns unvergeßlich sein!

Durch einen längern Aufenthalt in Aegypten war ich mit den Verhältnissen, den Landessitten und der Sprache

genügend vertraut geworden, um die Reise durch die Wüste
nach dem Sinai allein, d. h. ohne andere Begleitung als
die der Beduinen unternehmen zu können. Dieser Umstand
bildete einen nicht geringen Reiz der ganzen Reise. Unsere
Erlebnisse und Erfahrungen trug ich nach meiner Rückkehr
nach Europa in mehreren Vorträgen einem kleinern Zuhörer=
kreise vor, wobei der Wunsch an mich herantrat, ich möchte sie
einem größern Publikum durch den Druck zugänglich machen.
Diesem Wunsche bin ich nachgekommen in der Erwägung,
daß es sich dabei nicht um neue geographische, ethnographische
oder historische Entdeckungen handelt; wer danach verlangt,
der greife nach dem großen Werke der Sinai Survey-Expe-
dition, nach Palmers The Desert of Exodus, wo das
geographische und Sagenmaterial vollständig gesammelt ist,
nach Burckhardts Reisebeschreibungen, nach Ebers' „Von
Gosen zum Sinai“, wo besonders die ägyptologischen Notizen
und die Zusammenstellung frühchristlicher Nachrichten wertvoll
sind, nach den Büchern Tischendorfs und der beiden eng=
lischen Damen Lewis und Gibson, wo die Bibliothek des
Klosters in besonderer Weise Gegenstand der Untersuchung
ist. Mir kam es mehr darauf an, die immerhin nicht alltäg=
lichen Reiseerlebnisse anschaulich zu schildern, den Stimmungs=
gehalt einer Landschaft zum Ausdruck zu bringen, die nach
gewöhnlichem Urteil für öde und trostlos gilt, und als
Theologe durch den Anschauungsunterricht der Wüste zu

lernen, was für das Verständnis der Anfänge des israe=
litischen Volkes und seiner Religion aus Land und Landes=
brauch zu lernen war. Ich machte also keine exegetische
Reise, sondern bestrebte mich nur, Auge und Ohr offen zu
halten, um wo möglich nur Selbsterlebtes zu berichten. Für
das Leben der Beduinen ist allerdings bis jetzt noch immer
jeder Reisende auf den besten Kenner der Beduinen, Burck=
hardt, angewiesen, den berühmten Schech Ibrahim, dessen
Grab in Kairo letzthin von der dortigen Schweizerkolonie
durch die Aufstellung einer Gedenktafel geehrt wurde. Die
sonstige Litteratur, auch die altchristliche, ist größtenteils wo
nötig berücksichtigt worden, wobei ich dazu kam, in einem
Anhange die Klarheit, mit der Ebers den Serbâl als den
wahren Sinai erwiesen zu haben meint, wieder etwas trüben
zu müssen.

Die Voraussetzung, daß der Sinai der Israeliten auf
der Sinaihalbinsel zu suchen sei, wird zwar von vielen nicht
geteilt. Erst neuerdings versuchte von Gall in der unbewiesenen
Annahme, daß Midian ausschließlich nur an der Ostseite
des Roten Meeres zu suchen sei, durch textkritische Gründe,
d. h. durch Trennung und Wiederverknüpfung der Berichte,
zu zeigen, daß der Sinai in Midian auf der Westküste
Arabiens, der Horeb auf der Sinaihalbinsel gelegen sei, und
daß eine Identifizierung der beiden Berge stattgefunden habe.
Es bot sich im Rahmen dieser Beschreibung nicht Gelegenheit,

auf diese Fragen einzugehen. Wir haben es jedenfalls nur
mit dem heiligen Berge der jetzt uns vorliegenden Quellen
zu thun. Diese weisen mit großer Wahrscheinlichkeit auf
die Sinaihalbinsel hin; mehr als Wahrscheinlichkeit wird
sich in dieser Frage allerdings kaum erreichen lassen.

Besondern Dank statte ich an dieser Stelle meinem lieben
Freunde Pastor Wedemann in Kairo ab, der den Sinai
bereits zweimal bereist und mich mit Beiträgen unterstützt hat.
Herr Photograph Reiser in Alexandrien hatte die Freund=
lichkeit, mir einige der größern Photographien zur Repro=
duktion zu überlassen. Die beigegebene Karte ist unter
freundlicher Erlaubnis der Firma Bädeker in Leipzig deren
Reisehandbuch über Palästina und Syrien entnommen. Dank
gebührt auch dem Herrn Verleger, der keine Mühe gescheut
hat, für eine würdige Ausstattung Sorge zu tragen.

Stein a./Rh. auf Burg, Oktober 1900.

Adolf Keller.

Inhalts-Uebersicht.

Von Kairo über Tür nach dem Katharinenkloster.

Reisevorbereitungen. — Fahrt auf dem Roten Meer nach Tür. — Verhandlungen mit den Mönchen und Beduinen. — Ritt durch das Wadi es-Seleh nach
dem Katharinenkloster.

Glücklich, wer nach Wochen der Ermüdung oder Krankheit
auf Reisen gehen kann, um aus Gottes schöner Welt neue
Lebenskraft zu schöpfen! Glücklicher, wer unerschöpft hinaus-
ziehen darf, bewaffnet mit scharfen Sinnen und gepanzert
mit frohem Mut, um das Schöne zu erfassen, wo man es
findet, und das Widerwärtige an sich abprallen zu lassen!
Am glücklichsten aber der, der mit solcher Reiserüstung angethan Länder und Orte besuchen darf, die mit seinem
innersten Fühlen von Jugend an unauflöslich verknüpft sind,
so daß sich dabei wohl märchenhafte Kinderträume erfüllen,
die einen Hauch ihrer seligen Naivität mit sich bringen.

Als ein solcher Glücklicher stand ich am Vorabend meiner
Reise nach dem Sinai auf der Höhe der Alabastermoschee
in Kairo; noch in derselben Nacht wollte ich meine Fahrt
antreten, die mich für einige Wochen in die Wüste führen
sollte. Schon Monate lang hatte ich in Gedanken in jener
einsamen Welt gelebt und mich für die Reise vorbereitet.

Die vizekönigliche Bibliothek in Kairo ist vorzüglich mit
Sinailitteratur, wenigstens mit englischer, versehen, und der
deutsche Bibliothekar hatte mir bereitwilligst alles zur Ver=
fügung gestellt, was meinem Zwecke dienlich sein konnte.
Aber es gab noch ganz andere Dinge vorzubereiten als die
geistige Ausrüstung. In der Wüste darf man nichts vergessen
haben; denn keine Hotels und keine Klubhütten können den
Mangel ersetzen. Das Beispiel meines lieben Freundes W.,
selber ein eifriger „Wüstenlöwe", der aber bei seiner Sinai=
reise das Salz vergessen hatte und deshalb die ganze Reise
ohne Würze machen mußte, ließ mich peinlich alle Kleinig=
keiten aufschreiben, die für die Reise und den Aufenthalt
in der Wüste unentbehrlich waren. Zu diesem Zwecke stieg
ich mehrmals in unsere Küche hinab, um nachdenklich die
Küchengeräte und Kochutensilien auf ihre Notwendigkeit oder
Entbehrlichkeit zu prüfen. Dort lernte ich, daß Kochtopf und
Kasserole, Löffel, Messer, Gabel, Streichhölzer, verschiedene
Sorten Konservenfleisch, Gemüse, Rhum, Thee, Kaffee und
Zucker, Brot und Salz und als besonders luxuriöse Deli=
katesse einige Büchsen eingemachter Aprikosen und Pfirsiche
notwendig seien, um in der Wüste nicht ein allzu asketen=
haftes Leben führen zu müssen. Bei weiterem Nachdenken
kamen eine Reisematratze und einige Decken hinzu; denn da
es Sommer war, gedachte ich ohne Zelt unter freiem Himmel
zu nächtigen. Ein Khakianzug verlieh meinem äußern Menschen
die echte Wüstenfarbe. Verschiedene Kameltaschen, Churg
genannt, ein Schaffell zum Reiten, ein photographischer

Apparat, ein großer Wassersack und das gewöhnliche Mobiliar, das einem Kulturmenschen unentbehrlich ist, vervollständigten meine Ausrüstung.

Durch die freundliche Vermittlung des Grafen Oberndorf vom deutschen Generalkonsulat erhielt ich vom russischen Generalkonsulat eine Empfehlung an die Filiale des Sinai- klosters in Kairo, wodurch mir wenigstens die ersten Scheereien wegen des Eintritts in das Kloster erspart wurden. Der sinaitische Vertreter des Klosters hatte in Deutschland studiert und zeigte sich als angenehmen und gefälligen Mann, der in Anbetracht des wissenschaftlichen Zwecks der Reise unter Verzicht auf ein besonderes Eintrittsgeld mir einen umfäng- lichen griechischen Empfehlungsbrief mitgab.

Alle diese reisetechnischen Rüstungen lagen nun hinter mir, und in dem Gefühl, daß ich wirklich „archiprêt" sei, gab ich mich froh der sonnigen Stimmung hin, die auf der Land- schaft lag, um recht viel davon mitzunehmen; denn ein solcher Fonds gehört auch zu einer rechtschaffenen Reiseausrüstung.

Unter mir lag die Stadt, über der das letzte Licht der Abendsonne wie ein fein zerteilter Stoff flimmerte. Herrliche, hoch ummauerte Palastgärten schienen ihre Geheimnisse aus- zuatmen und Wolken von Duft und blauem Dunst in die Höhe zu senden. Der Adân, der Gebetsruf erscholl von den tausend Minareten, die mit schlanken Palmen um die Wette in den wunderblauen Himmel hinaufstreben. Das Leben der Stadt schlug wie eine Brandung an mein Ohr, und mit Behagen lauschte ich dem vieltausendstimmigen Geräusch da unten,

vor dem ich nun für einige Wochen in die Wüsteneinsamkeit
flüchten wollte. Leise, unvermerkt war die Sonne in die
westliche Wüste hinabgesunken; am nächsten Tage wird sie
mir schon in der östlichen den Morgengruß entgegenbringen.

Die Dämmerung trieb mich hinunter. Nach zwei Stunden
lag das Stadtgetriebe schon hinter mir, und der Zug führte
mich durch das fruchtbare Delta nach Suez.

Mit großer Liebenswürdigkeit wurde ich von dem dortigen
deutschen Konsul aufgenommen und beraten. Ich wählte
nicht die gewöhnliche Route, die von Suez aus durch die
Wüste nach dem Sinaikloster führt, sondern hatte Gelegenheit,
mit einem Dampfer der Khediviehlinie nach Tûr zu fahren,
von wo aus ich in die Wüste eindringen wollte. Der Dampfer
fuhr erst gegen Abend, so daß ich Zeit genug hatte, die wenigen
Sehenswürdigkeiten von Suez, dem alten Klysma, zu be=
trachten.

Endlich verließ das Schiff den Hafen. Schon seit
Tausenden von Jahren leuchtet diese brennende Pracht stillen
Schiffahrern, dem handelseifrigen Phönizier, der von seinem
geschnäbelten Schiffe aus wohl den Baal auf den Höhen
des Atakagebirges um günstigen Wind anflehen mochte, wie
dem modernen Indien= und Chinafahrer, dessen Geschlecht
sich nicht wie jenes um Wind und Wetter kümmert.

Das Rote Meer leuchtet im tiefsten Blau, das von den
Bergen in dunklern Schluchten und Rinnen herabzufließen
scheint; diese empfangen es wiederum von dem alles über=
strahlenden Himmel, der sich hier von Wüste zu Wüste, von

einem Weltteil zum andern spannt. Hinter uns verschwinden
allmälig die wenigen Palmen von Suez, die dem salzigen
Hauch des Meeres und dem glühenden Atem der Wüste
widerstehen. Die Berge des Atakagebirges werfen riesenhafte
Schatten auf die See. Die Sonne scheint in einer ungeheuern
Feuersbrunst unterzugehen. Das rote Meer ist zu einem
goldenen geworden. Plötzlich ist die Nacht da. Ueber uns
schimmert es wie von himmlischen Heerscharen. Ein kühler
Wind erwacht, der die große, weite Stille nicht zu stören
vermag.

Außer mir befanden sich als Passagiere noch zwei Mönche
der Klosterschule in Tûr an Bord. Ich unterhielt mich
mühsam mit ihnen durch das Medium des Arabischen, das
von allen Griechen sehr schlecht gesprochen wird; denn ihre
Gutturallaute, die gerade im Arabischen von großer Wich=
tigkeit sind, besitzen nicht die eruptive Kraft, die z. B. einer
guten schweizerischen Kehle eigen ist. Anderseits aber war
mein Ohr nicht genug gewöhnt, die unbekannte neugriechische
Aussprache mit ihren Pfeif= und Zischlauten und der Vor=
liebe für den Laut i in unsere altgewohnte Gymnasial=
aussprache zu transponieren.

Nach kurzer Zeit verschwanden die beiden ehrwürdigen
Väter, und ich blieb allein auf Deck, um die Nachtherrlichkeit
und die Meeresstille in vollen Zügen zu genießen. Um den
Bug des Schiffes sprühte es, als ob die Wellen weißglühend
geschmolzen würden. Der Mond ging mit vergnügtem Blinken
auf den Wogen spazieren, die ihm hundertfach sein Bild

wiederspiegelten. Still waltend schauten die Sterne herab, und vergebens suchten es ihnen die Leuchttürme in der Ferne gleich zu thun; man merkte es gleich an ihrer Unruhe, daß ihr Leuchten kein himmlisches war.

Als der Mond untergegangen war, rollte ich meine Reisematratze auf und schlief auf Deck, bis die Sonne mich weckte. Wir waren vor Râs Abu Zenîme. Dort befindet sich eine Quarantänestation für die heimkehrenden Mekkapilger. Ein großes Zeltlager ist für die Wallfahrer aufgeschlagen, wo sie, durch Wüste und Meer abgeschlossen, phlegmatisch ihre Befreiung abwarten. Nachdem die Post abgegeben war, nahmen wir unsern Kurs wieder auf. Obschon das Schiff in bedeutender Entfernung vom Lande fährt, sieht man, daß sowohl die afrikanische als auch die asiatische Küste Wüste ist.

Gegen Mittag erreichten wir Tûr, ein früheres Strandräubernest, das jetzt Sitz des ägyptischen Gouverneurs der Sinaihalbinsel und eine große Quarantänestation ist. Wie Piratenboote schießen die kleinen Kähne heran, um uns abzuholen. Aber keiner von den flinken braunen Gesellen wird auf Deck gelassen, obschon in der Quarantänestation kein Kranker sich findet. Pfeilschnell fahren wir durch die gefährlichen Korallenklippen in das enge Becken, an dem Tûr liegt. Ein Kranz von Palmen umgibt die wenigen Häuser, die teilweise halb zerfallen sind. Am Lande wurde ich von dem deutschen Konsularagenten Bassili Baramili, dem Sohne des bekannten Schech Hennen, empfangen, einem Eingebornen

in der landesüblichen langen Galabije. Gastfreundlich führte
er mich in sein Haus, in dem ein Dutzend Frauen und
Kinder neugierig hinter den Thüren hervorguckte. Das Haus
ist ein einfacher Lehmbau, der im ersten Stock neben ver=
schiedenen kleinen Räumen das große Wohnzimmer enthält.
Da mein Wirt wie die Mehrzahl der Einwohner von Tûr
der griechisch=orthodoxen Konfession angehört, ist es nicht ver=
wunderlich, daß in seiner Stube Heiligenbilder und die
Porträts des griechischen Königspaares hängen. Ich hatte
mich kaum gesetzt, als der unvermeidliche Kaffee gebracht
wurde, dem die Cigaretten folgten. Von der Stube aus
sieht man übers Meer nach den afrikanischen Bergen hinüber,
während gegen Osten hin das Sinaigebirge den Horizont
abschließt. Mein Wirt verstand nur arabisch; einer seiner
Söhne aber sprach ein für den Orient leidliches Französisch.
Trotzdem nur alle 14 Tage ein Dampfer von Suez in Tûr
anlegt, sind die Leute selbst in dieser Abgeschlossenheit gut
vom Lauf der Welt unterrichtet. Sie hatten von dem Plan
des deutschen Kaisers vernommen, nach Aegypten zu reisen,
und im Familienrate wurde ernstlich die Frage erwogen, ob
das Familienoberhaupt, das doch nun einmal deutscher Kon=
sularagent ist, bei dieser Gelegenheit nicht nach Kairo reisen
solle, um dem „großen Sultan" der Deutschen seine Auf=
wartung zu machen.

Ich verfehlte in orientalischer Höflichkeit und Ueber=
schwänglichkeit nicht, der Meinung Ausdruck zu geben, daß
Seine Majestät sich jedenfalls freuen würde, den weithin

bekannten Herrn Vassili Baramili zu begrüßen. Ich konnte
bei dieser Gelegenheit, wie auch später in Palästina wieder
bemerken, was für ein Ereignis die Reise des deutschen
Kaisers auch für den gewöhnlichen Orientalen war, und wie
allgemein es auch dem Volke bekannt ist, daß, wie mir ein
Roßknecht in Galiläa erzählte, der „deutsche Sultan der
beste Freund unseres Chalifa" ist.

Sobald anzunehmen war, daß die Mönche in der Filiale
des Sinaiklosters ihre Siesta beendigt hatten, begab ich
mich zu ihnen, um wegen meiner Abreise mit ihnen zu
verhandeln. Denn da ich das Kloster betreten wollte, so
konnte ich nicht ohne weiteres mit den Beduinen wegen der
nötigen Kamele unterhandeln, sondern es kommen für diesen
Fall bestimmte Vertragsverhältnisse zwischen dem Kloster und
den Beduinen in Betracht, — χανόνες nennen sie die
Mönche, kanûn die Beduinen — wonach man entweder
verpflichtet ist, Kamele vom Kloster zu nehmen oder doch
wenigstens eine höhere Summe zu bezahlen. Die Mönche
wachen eifrig darüber, daß kein Klosterpilger dieser Brand=
schatzung entgeht. Als mein Freund Pastor Wedemann
bei seiner zweiten Sinaireise auf die lästigen Bedingungen
nicht eingehen wollte, wurde seiner kleinen Karawane ein
reitender Bote vorausgeschickt, um dem Kloster zu melden,
was für halsstarrige Leute ankommen würden. Das Kloster
verwehrte denn auch damals den ihnen untergebenen Djebelije=
beduinen, den Reisenden als Führer zu dienen. Einfacher
ist die Sache, wenn man das Kloster nicht betreten will;

dann erhält man mit Leichtigkeit Beduinen und Reittiere, die dem Reisenden zum festen Satze von 5 Franken per Tag zur Verfügung stehen.

Ich hatte mich vergeblich gefreut, die Verhandlungen abkürzen zu können. Die ehrwürdigen Väter wußten wohl, daß sie mich in der Hand hatten, und ließen deshalb alles mit der gewohnten Ruhe und Beschaulichkeit von statten gehen.

Nach langem Drängen waren endlich die Beduinenschechs in einem der Zimmer des Erdgeschosses versammelt. Nachdem sie ihre langen Pfeifen angezündet hatten, hockten sie im Kreise auf den Boden nieder, würdig auch in dieser Stellung. Eine solche Verhandlung schien für die Bewohner von Tur ein wichtiges Ereignis zu sein; denn außer den Mönchen und den Beduinen versammelte sich in und vor dem Beratungszimmer eine größere Anzahl Eingeborner, die gleichsam die Rolle des Chors übernahmen und das interessante Schauspiel unserer Verhandlung mit allerlei Zwischenrufen und Bemerkungen begleiteten.

Ich hatte einen arabischen Kontrakt mitgebracht, den mir der deutsche Konsul in Suez freundlichst besorgt hatte. Aber Mönche und Beduinen schüttelten die Köpfe dazu. Erstens war ihnen der Kontrakt als verpflichtende Form überhaupt unbequem, und zweitens kamen jetzt eben die Kanones hervor, mit denen der Inhalt meines Vertrages nicht stimmen wollte. Die Mönche verstanden es, durch allerlei Spezifizierungen die Summe der Reisekosten auf das Dreifache von dem zu

steigern, was ich ihnen geben wollte. Es half nichts, daß
ich mich auf die russische Botschaft in Kairo berief, zu
welcher das Sinaikloster in einem gewissen Verhältnis steht;
es half nichts, daß ich den wissenschaftlichen Zweck der Reise,
der ja schließlich auch ad majorem monasterii gloriam
dienen könne, betonte. Unsere Verhandlung wurde immer
erregter und immer interessanter; denn es war bei allem
Aerger doch ein schöner Anblick, die Mönche mit den langen
weißen Bärten und die kräftigen braunen Beduinen mit
blitzenden Augen und heftigen Gebärden bald zornig, bald
überredend sich benehmen zu sehen.

Als ich die Nutzlosigkeit weiterer Versuche einsah, verließ
ich den Hof, in dem die Kamele am Boden knieten, und
begab mich zu dem Kommandanten der halbzerfallenen
Festung, welche die Oberhoheit Aegyptens über die Sinai=
halbinsel zu markieren hat. Der Kommandant, ein martia=
lischer Offizier, empfing mich mit ausgesuchter Höflichkeit,
hatte er doch nicht alle Tage Gelegenheit, seine Kenntnis
zivilisierter Umgangsformen an den Tag zu legen.

Nachdem wir uns zuerst gegenseitig nach unserm Wohl=
befinden als nach der wichtigsten Sache von der Welt er=
kundigt hatten, trug ich ihm meine Schwierigkeit vor. Un=
geheure Entrüstung zeigend ließ er sich sofort die hartnäckigen
Beduinen kommen und verfluchte sie und ihre Väter in den
kräftigsten Ausdrücken. Dabei verfehlte er nicht, die Ober=
hoheit der ägyptischen Regierung auch über die Beduinen
zu betonen. Diese aber zogen sich hinter die Kanones des

Klosters zurück, das für die armen Leute mehr Macht besitzt
als die ferne Regierung. Es blieb uns daher nichts anderes
übrig, als ins Kloster zurückzukehren. Sporenklirrend und
im Bewußtsein seiner Würde zog der Kommandant ein.
Diese Grandezza machte jedoch sofort einer überströmenden
Höflichkeit Platz, als ihm der Abt des Klosters entgegenkam
und ihn zum Gruße küßte. Die Verhandlung fand diesmal
in einem der oberen Zimmer des Klostergebäudes statt.
Es dauerte geraume Zeit, bis die Frage wieder aufge=
nommen wurde. Erst wurde die Begrüßung noch eine Zeit=
lang fortgesetzt; dann wurde neuer Kaffee hereingebracht;
das Zimmer füllte sich allmälig wieder mit Neugierigen,
die Gesichter legten sich wieder in Falten — und die Dis=
kussion konnte von neuem beginnen. Unter der Assistenz des
sporenklirrenden Kommandanten und des deutschen Konsular=
agenten kam endlich eine Vereinbarung zu stande. Die hab=
gierigen Väter, denen natürlich ein Teil der abgemachten
Summe zufällt, verwünschten die Alemani, die Deutschen,
die nicht wie die Engländer oder Franzosen bezahlten, was —
unverschämter Weise — gefordert würde. Einer von ihnen
rief mit tragischer Gebärde den andern zu: ἔχετε δίδαξιν,
da habt ihr eine Lehre! Das konnte mich aber nicht rühren;
denn ich kannte die orientalische Sitte lange genug, um zu
wissen, daß kein Handel abgeschlossen werden kann, ohne
daß dabei die halbe Welt verflucht wird, und man geneigt
ist, in seinem Gegenpart seinen persönlichsten, grimmigsten
Feind zu erblicken. Die Griechen sind auch darin, wie in

manchen andern Stücken, Orientalen. Daß es in der Seele
der empörten Väter und Beduinen im Grunde nicht so
nächtig aussah, zeigte sich, als ich die blanken englischen
Pfunde auf den Tisch legte. Zum Glück waren sie von
der Prägung, die den heiligen Georg mit dem Drachen als
Avers besitzt; denn diese, die mit dem „hussan", dem Pferd
versehen sind, werden von den Arabern den andern weit
vorgezogen, auf denen nur die Königin abgebildet ist. Die
heftigen Gesten hörten auf, die Gemüter beruhigten sich mit
einem Schlage, als hätte man Oel auf erregte Wogen ge=
gossen, die Gesichter wurden wieder freundlich, und zum
Schlusse tranken wir noch einen Versöhnungskaffee zusammen.
Fünf Stunden hatte ich so gekämpft. Wie viel bequemer
ist es doch, am Eisenbahnschalter von einem kurz ange=
bundenen Beamten sich die Berechtigung zum Reisen zu er=
kaufen! In dem Empfehlungsbriefe an das Kloster stand
denn auch zu lesen, daß es einer großen logomachia
(Wortschlacht) bedurft hätte, um ins Reine zu kommen.

Wie ich aus dem Hause trat, wurde ich Zeuge einer
neuen logomachia unter den Beduinen. Die Begleitung
von Reisenden bildet nämlich eine ihrer Einnahmequellen.
Da nun aber dieser Fall nicht allzu häufig eintritt, so erregt
die Uebernahme der Begleitung häufig Streit, trotzdem die
Einnahmen teilweise unter den Stamm verteilt werden.
Mit großem Interesse sah ich zu, wie man sich beinahe um
meine Person raufte, bis endlich der glückliche Besitzer, der
mich errungen hatte, demütig auf mich, das neutrale Streit=

objekt, zutrat, um mich seiner Vorzüglichkeit zu versichern und gleichzeitig die Erwartung eines großen Bakschisch aus= zusprechen. Ich sagte ihm, daß ich darüber nachdenken wolle — nifitikir fi — er schien es mir aber nicht gerne zu erlauben.

Mein Gastgeber nahm mich sodann in sein Haus zurück und bewirtete mich mit einem feierlichen Abendessen, wobei seine Tochter Mirjam uns bediente. Sie muß nach orien= talischen Begriffen eine Schönheit genannt werden; denn diese verhält sich nach dortigem Geschmacke proportional zum Leibesumfang. Ich hatte große Mühe, eines der ungewohnten einheimischen Gerichte zu bezwingen, trotzdem die schöne Mirjam eigenhändig die Citrone über meinem Teller zer= drückte.

Es war Nacht geworden. Der Mond war längst auf= gegangen. Vor dem Hause knieten die Kamele, die nun beladen wurden. Ich brauchte zwei Kamele, eines für den Proviant und eines zum Reiten. Die Beduinen verstanden es mit bewunderungswürdigem Geschick, die einzelnen Gepäck= stücke günstig zu verladen. Mein Koffer wurde auf der einen Seite des Kamels festgebunden, die Proviantkiste als Gegengewicht auf der andern; dazu kamen noch die Nahrung und die Wasservorräte für die Beduinen und ihre Kamele. Auf meinem Reitkamel wurde aus meiner Matratze, Decken und dem Schaffell ein eigentlicher Thron errichtet, der mir einen sehr weichen und bequemen Sitz bot.

Um neun Uhr abends ritt ich zum Dorfe hinaus, be= gleitet von der ganzen Schar der Beduinen, die uns eine

Strecke weit das Geleite gaben. Zwei Beduinen mit ihren Kamelen außer den von mir gemieteten blieben uns auf dem ganzen Wege als Begleiter treu.

Wohl hatte ich die Wüste schon oft betreten, aber immer nur für kurze Zeit; jetzt sollte ich für längere Zeit in ihr Schweigen und ihre Einsamkeit untertauchen. Ein eigenes Gefühl überkam mich, noch stärker und seltsamer als wie ich die erste Fahrt über die große Wasserwüste des Meeres angetreten hatte. Denn im Meere ist Leben und Bewegung; Dämonen und Nixen, wunderliche Wassergeschöpfe spielen in der blauen Tiefe. Eine Welt von Wesen wiegt sich in seinen Wogen. In der Wüste aber ist der Tod und das Schweigen. Wer in ihren Bereich kommt, muß mit ihr um das Leben ringen!

Hinter Tûr dehnt sich, sechs Stunden breit, die große Sandebene El=Kâa aus, die das Sinaigebirge von dem Meere trennt und die vielleicht selbst einmal Meer ge= wesen ist. Lautlos schlurften die Kamele durch den weichen Sand und warfen, da der Mond schon tief stand, ungeheure Schatten auf die glänzende Ebene. Ich hörte, wie die Beduinen hinter mir sich leise über mich unterhielten und ihre Mutmaßungen aussprachen, ob ich ein guter Chawadja (Herr) sei oder nicht. Ihr Urteil über einen Menschen be= mißt sich nach der Größe des Bakschischs, den er ihnen gibt. Ihr ganzes Denken ist auf diesen einen Punkt gerichtet, der ihnen noch von größerer Wichtigkeit ist als der ausbedungene Lohn selbst. Alle hatten sich ihre Pfeife angezündet, ohne

die man den Beduinen nie antrifft. Einige von ihnen
ritten, andere gingen zu Fuß und trieben die Kamele durch
eigentümliche schlürfende und schnalzende Laute zu rascherem
Gange an. Dieser bringt es mit sich, daß der Reiter notwendig der schlingernden Bewegung folgen muß, so daß sein
Oberkörper während des Rittes bei jedem Schritt eine
Pendelbewegung von ungefähr 30° machen muß. Es ist
vergeblich und ermüdend, diesem Schlenkern widerstehen zu
wollen; am einfachsten ist es, sich ihm ganz hinzugeben,
wobei manche Leute die Seekrankheit bekommen sollen. Allmälig verstummte auch das Gespräch der Beduinen, so
daß wir wie eine Geisterkarawane lautlos und schweigend
dahinzogen. Der Mond sank immer tiefer, die Schatten
der Kamele wurden immer gigantischer. In der Ferne
leuchtete noch ein einsames Licht von Tūr und am Horizonte
blinkte das Rote Meer. Vor uns lag wie eine große
schwarze Mauer das Gebirge. Kein Laut mehr auf der
weiten Fläche — nur Nachtgedanken rauschten durch die
Seele und füllten sie mit dem ganzen Zauber der Wüsteneinsamkeit.

Es war Mitternacht, als der Mond unterging. Die
ganze mondbeglänzte Ebene war mit einem Mal zur dichten
Finsternis geworden, in die Millionen von leuchtenden
Sternenaugen herabschauten. Ich ließ anhalten. Durch einen
eigentümlichen Kehllaut ch ch ch, bei dem Unkundige besorgt
nach dem Befinden des Erzeugers solcher Töne fragen würden,
zwangen die Beduinen ihre Kamele niederzuknien. Rasch

wurde abgesattelt, meine Matraze aufgerollt, die Koffer und
Reisesäcke im Kreis um mein Lager herumgestellt, so daß
ich wie von einem kleinen Walle umgeben war. Die Beduinen
zündeten ihr Feuer an und fütterten die Kamele. Dann
wurde zum ersten Mal die Wüste mein Bett und der Himmel
meine Decke. Wohl vermißte ich einen Augenblick einen
Reisegefährten nach meinem Herzen, dem ich ein freundliches
Gute Nacht! hätte zurufen können; aber andererseits empfand
ich doch zum ersten Mal den Reiz, ganz allein unter einigen
wildfremden Menschen in der Wüste zu schlafen. Ich wünschte
mir einen Traum wie Jakob, empfahl mich der Obhut Gottes
und schlief ein.

Am andern Morgen wurde ich vor Sonnenaufgang von
meinem alten Schech geweckt; ein Täfelchen Chokolade ersetzte
mir den Kaffee — und dann begann das Reiten von neuem.
Nach zwei Stunden erreichten wir die ersten Hügelzüge, die
dem eigentlichen Gebirge vorgelagert sind. Mächtige Felsblöcke
liegen wild durcheinander geworfen umher, als ob riesen=
starke Cyklopen damit Ball gespielt hätten. Das herunter=
stürmende Wasser hat mit rollendem Gestein tiefe runde
Löcher in sie hineingebohrt, unsern Gletschermühlen ver-
gleichbar.

Hinter dieser Barriere öffnet sich das enge Wadi es=Sels,
durch das ich meinen Weg nehmen wollte. Wie gewaltige
Tempelpylonen erheben sich rechts und links dräuende Granit=
felsen, die den Weg einengen. Sie tragen die Spuren der
Wasserfluten, die in der Regenzeit brausend und alles mit

sich fortreißend durch die engen Thalrinnen abfließen. Links vom Wabi es-Sele erhebt sich der Umm Schomar, „die Mutter des Fenchels", der zweithöchste Berg der Halbinsel. Es ist eine Eigentümlichkeit des Arabischen, den Besitz gewisser Eigenschaften oder Merkwürdigkeiten durch ein vorgesetztes Verwandtschaftswort auszudrücken; so z. B. heißt ein in Kairo

Eingang in das Wabi es-Sele.

wohlbekannter Herr mit einem großen Barte unter den Arabern ganz allgemein abu daqn, der Vater des Bartes, ein Ingenieur der Wasserversorgung abu moje, der Vater des Wassers. Die poetische Sprache ist besonders reich an solchen Wendungen, die dem Ausdrucke oft einen bedeutsamen mitklingenden Nebenwert verleihen; so z. B. heißt der Regen

abu'l chaiati, der Vater des Lebens; der Wein ist die
Mutter schimpflicher Handlungen; der Wanderer heißt der
„Sohn des Weges", der Gelehrte achu'l ilmi, der Bruder
der Wissenschaft, der Fuchs abu'l hussein, der Vater der
kleinen Festung.

Ich konnte nicht erfahren, ob ich für meine Begleiter
auch zum Vater einer guten oder schlechten Eigenschaft ge=
worden war; jedenfalls bemühten sie sich vergeblich, meinen
Namen richtig auszusprechen; es kam immer etwas heraus,
das ich nicht mehr als meinen ehrlichen Namen anerkennen
konnte.

Als ich zwischen den Felsen einige spärliche blühende
Wüstenpflanzen ersah, sprang ich ab, um sie für mein Wüsten=
herbarium zu pflücken, das ich anzulegen gedachte. Professor
Schweinfurth, der sich im Winter immer in Aegypten aufhält,
war so freundlich, mir nachher diese interessanten sommer=
lichen Wüstenpflanzen zu bestimmen; es waren ihrer aber so
wenige, daß ich die ganze Sommerflora jener Wüste bequem
zwischen einigen Blättern meines Notizbuches bergen konnte.
Merkwürdigerweise besteht sie trotz des mangelnden Regens
doch teilweise in äußerst saftigen und wasserreichen Kräutern,
die ihren Wassergehalt vielleicht dem Tau verdanken.

Immer höher stieg die Sonne und drohte allmälig über
die schützenden und überhängenden Felsen hinaufzukommen,
um senkrecht in die tiefen Thäler hinunterschauen zu können.
Die Beduinen machten mich deshalb aufmerksam, daß wir
unsere Mittagsrast vorher halten müßten, da nachher kein

Schutz mehr gegen die senkrecht herabglühende Sonne zu
finden sei. Bei einer kleinen, ihnen wohlbekannten Gruppe
von Tarfasträuchern und kleinern Palmen machten wir Halt.
Die Existenz dieser grünen Gruppe mitten in dem heißen
Sand war mir zunächst rätselhaft; erst als die Beduinen
ein tiefes Loch in den Sand gegraben hatten, wo nun Wasser
zum Vorschein kam, zeigte es sich, welch verborgene Trieb=
kraft hier in der Tiefe war. Da es ausnahmsweise den
ganzen vergangenen Winter nicht geregnet hatte, wie die
Beduinen klagten, so war der Wasservorrat da und dort
sehr spärlich geworden. Immerhin förderten sie durch eifriges
Graben schließlich einen kleinen Kessel voll Wasser zu Tage.
Das Wasser war natürlich mit Sand gemischt und voll=
ständig trübe. Meine Bemerkung, daß es nicht rein sei,
wurde mit Entrüstung und nachdrücklicher Versicherung des
Gegenteils aufgenommen. Also fort mit dem zivilisierten
Reinlichkeitsbedürfnis und herunter mit der unbeschreiblichen
Flüssigkeit!

Die Beduinen kennen noch keinen hygieinischen Reinlichkeits=
begriff, höchstens einen kultischen. Das Schwein ist ihnen
unrein, auch wenn es ihnen in Gestalt des appetitlichsten
Schinkens entgegentritt. Was wir aber sonst Schmutz heißen
und von unserm Körper fern zu halten suchen, lassen sie
ruhig in vieljährigen Schichten auf sich sitzen.

Während der eine der Beduinen die Kamele absattelte
und die großen Kameltaschen im Kreis um mich herumstellte,
suchte ein zweiter Gestrüpp, dürres Schilf und Kamelmist

zuſammen, um ein Feuer anzuzünden; ein dritter wuſch
auf meinen Befehl die Kochgeſchirre, was er als unver=
ſtändige Waſſervergeudung nicht billigen konnte; ein anderer
kletterte auf die niedrige Palme und hieb Palmzweige her=
unter, deren harte und ſpitzige Blätter von den Kamelen
mit merkwürdiger Unempfindlichkeit gefreſſen werden. Der
Schech endlich ſpielte den Koch. Schnell hatte er ein paar
Steine zuſammengeſtellt, und bald praſſelte ein luſtiges
Feuer. Eine Büchſe Armeeration wurde ins ſiedende Waſſer
gelegt und dann geöffnet. Leider zerbrach ſchon beim erſten
Mal der mitgenommene Büchſenöffner, ſodaß ich nachher
ſtets das Schwert der Beduinen benutzen mußte, um die
Büchſen zu öffnen. Nachher trank ich einen Becher konden=
ſierter Milch, die mir während der ganzen Reiſe die größte
Erquickung war. Zum Schluſſe zog ich aus meinem Churg
zum Entzücken der Beduinen eine Schachtel Kaffeepulver
hervor, die ich ihnen überließ — ohne Kaffee wäre das
Paradies für den Beduinen ein Jammerthal. Im ganzen
Orient wird der Kaffee nicht auf europäiſche Art zubereitet
oder etwa gar mit Cichorie verſetzt, ſondern er wird viel
kräftiger gebraut und wirkt in der That höchſt anregend.
Die geleerten Konſervenbüchſen wurden von den Beduinen
ſorgfältig aufgehoben, um vielleicht einmal zu Hauſe bei be=
ſonders feſtlicher Gelegenheit als Ehrenbecher zu dienen.

Unterdeſſen war die Sonne ſo hoch geſtiegen, daß das
Gebüſch nicht mehr genug Schatten bot, und ich nur noch
den Kopf nahe an der improviſierten Quelle vor der grellen

Julisonne bergen konnte, so daß ich die verschiedenen orien=
talischen Jahreszeiten merklich abgestuft an meinem Körper
empfand. Vor dem Aufbruch photographierte ich unser Lager,
wobei es doch einzelnen nicht ganz geheuer war; man konnte
nicht wissen, ob in dem schwarzen Kasten nicht ein Afrit,
ein Teufel, steckte. Ich war gespannt zu erfahren, ob sie
das Wort Photograph aussprechen könnten; aber es überstieg
in der That ihre linguistischen Fähigkeiten; von einem Tele=
graphen hatten sie offenbar schon gehört, so daß das Ding
bei ihnen fortan el telegraph hieß, jedenfalls in der Ueber=
zeugung, daß alle Wörter auf „graph" denselben Sinn
haben. Sie mögen sich damit trösten, daß europäische Ohren
hinwiederum nicht scharf genug sind, um ihre verschiedenen
säuselnden, zischenden, rauschenden s=Laute zu unterscheiden,
oder daß ein Europäer niemals ein rechtschaffenes „ain"
aussprechen kann, ohne sich dabei zu gebärden, als habe er
einen Knochen verschluckt.

Die Kamele wurden wieder beladen. So geduldig das
Tier während der Arbeit erscheint, so unwillig scheint es
jedem Wechsel gegenüber zu stehen, als ob es von einer wahren
vis inertiae besessen wäre. Wenn es zur Arbeit aufstehen
und wenn es zur Ruhe niederknieen soll, so brummt und
schimpft es, als geschähe ihm das größte Unrecht, und zwar
in Tönen, die aller Musik Hohn sprechen. Dabei wird es nie
zutraulich und schaut vielmehr mit empörender Impertinenz
herab auf alles, was nicht Kamel heißt. Trotzdem gewinnt
man die Tiere lieb während einer langen Wüstenreise; denn

man ist vollständig auf sie angewiesen und sie versagen in den seltensten Fällen. Sobald es einmal im Gang ist, so geht es so sicher und gleichmäßig wie eine aufgezogene Uhr. Man reitet gewöhnlich Schritt; wenn man nicht ein besonders gutes Reitkamel besitzt, die in Syrien und bei den Beduinen delul, in Aegypten hegin heißen, so ist der Trab oder gar der Galopp, in den ein Kamel aber schwer zu bringen ist, eine sehr unangenehme Gangart. Ein gewöhnliches Kamel stößt beim Traben, als müßten Leib und Seele des Reiters in Stücke gehen. Ein Kameljunges, das zu unserer Karawane gehörte, machte mir viel Freude, wie überhaupt fast alle Thierjungen in einem gewissen Alter für den Menschen etwas rührend Komisches haben. Das zukünftige Dromedar hatte bereits etwas so selbstverständlich Kamelhaftes, that bereits so vertraut mit allen elterlichen Kamelsitten, daß ich oft laut auflachen mußte.

Große Ehre erntete ich, als ich lernte, wie die Beduinen das Kamel während des Gehens zu ersteigen. Nachdem man einen Fuß in die Rundung des starken Halses gesetzt hat, klettert man, sich am Sattelknopf haltend, den steilen Kamelberg hinan, um sich endlich mit einem Schwunge in den Sattel zu setzen.

Dem Beduinen ist das Kamel etwas so Wertvolles, daß er z. B. tanzenden Mädchen gegenüber das Wort Kamel geradezu als Kose= oder Ehrennamen zur Aufmunterung verwendet. Neben einem hübschen Weibe und einem ma= rokkanischen Schwerte gehört das Kamel einem Sprichwort nach zu den höchsten Gütern des Beduinen: „Wer diese drei Dinge besitzt, dessen Herz ist glücklich."

Im glühendsten Sonnenbrand ritten wir weiter. Gleich als ob ein erzürnter Gott Pfeile auf uns herabschösse, brannten die Sonnenstrahlen, die von den glühenden Fels= wänden zurückgeworfen wurden, auf uns nieder. Sie waren

fast noch empfindlicher als Licht denn als Wärme. In dem felsigen Thale, wo sie sich in kein grünes Blattwerk ver= graben konnten, blitzten sie in der Luft wie ein Gewimmel scharfgeschliffener Speere, die das unbeschützte Auge ver= wundeten. Glücklicherweise hatte ich eine blaue Brille mit= genommen. Schweigsam und geduldig ritten wir durch die

brennende Wüste, bis die Sonne hinter der Granitwand
verschwand und wir einen geschützten Lagerplatz zur Nacht=
ruhe gefunden hatten.

Das Wadi es=Sele ist, besonders in seinem mittlern
Teile, da und dort mit Tarfasträuchern bewachsen. Diese
haben aller Wahrscheinlichkeit nach das Manna geliefert,
von dem die Schrift erzählt. Ein kleines Insekt sticht
nämlich die Rinde an, aus der dann eine süßliche Flüssigkeit
hervorquillt. Diese erstarrt an der Luft zu kleinen Körnern
und wird gesammelt und gegessen. Da es während des
vergangenen Winters nicht geregnet hatte, so war die Manna=
ernte ausgeblieben, und wir erhielten deshalb auch im Kloster
nicht das Krüglein mit Manna, das sonst wohl den Rei=
senden zum Andenken mitgegeben wird.

Im obern Teil des Thales verschwanden die Tarfa=
sträucher wieder. Das Wadi wurde immer enger und
wilder und der Weg für die Kamele oft sehr beschwerlich.
Wir rasteten an einer kühlen Quelle, die ein kleines Bächlein
entsandte. Sie war stark ammoniakhaltig und verriet so
dem Geschmacks= und Geruchssinn, daß auch Ziegen friedlich
mit den Menschen daraus tranken.

Mein drittes Nachtlager schlug ich in einer hochgelegenen,
von wilden Felsen starrenden Schlucht auf. Das „kleine
Glück“, wie der Abendstern im Arabischen heißt, glänzte
eben über der Granitwand auf und strahlte freundlich in
das romantische Thal hinein.

Ringsherum hohe Granitberge, die, nach den herum=

liegenden Blöcken zu schließen, schon oft donnernde Fels-
lawinen ins Thal hinuntergesandt hatten. Kein Baum, kein
Strauch, nicht der leiseste Versuch einer Vegetation verleiht
hier der Landschaft einen mildern Ausdruck; hart und groß
schaut sie auf unser Lager herab. Ich suchte mir, entfernt
von den Beduinen, ein einsames Nachtlager auf; die grandiose
Einsamkeit ersetzte mir den mangelnden Genossen. Im Schutze
eines mächtigen Felsens rollte ich meine Matratze auf; für
ein Zelt, wenn ich eines mit gehabt hätte, wäre gar kein
Raum gewesen. Vor mir stieg, rötlich leuchtend, die Granitwand zum Himmel empor, der auch in der Nacht seine tief-
blaue Färbung nicht verliert. Lange lag ich mit wachen
Augen, das Glück der großen Einsamkeit im Herzen. Ich
dachte an die Menschen, die die Einsamkeit um sich her als
ihr bitterstes Weh hatten ertragen müssen, an jenes Wort
des Predigers: Weh' dem, der allein ist! an meine Lieben
in der Ferne und wünschte ihnen denselben Frieden, wie ihn
mir die wundersame Bläue entgegenstrahlte.

Die einzigen Personen, denen wir in diesen Tagen
begegneten, waren zwei Beduinen und ein Mädchen, das
eine Ziegenherde hütete. Die Beduinen begrüßten sich auf
eine merkwürdige Art. Sie traten ganz nahe an einander
heran, legten Wange an Wange und murmelten eine Grußformel. So herzlich dieser Gestus des Grüßens aussah, so
gleichgültig blieb ihr Gesicht dabei; sie grüßten, als ob es
sie nichts angienge. Aber damit war die Begrüßung noch
nicht zu Ende. Nun wandte sich der Ankömmling erst noch

an jeden Einzelnen mit der Grußformel selamât; immer von
neuem wieder wurden die selamâts hin und her geschoben,
nur manchmal unterbrochen durch ein marḥaba, willkommen!
welches die Antwort marḥabatén, zweimal willkommen!

Bebuinenknabe.

hervorrief. Eine
solche Begrüß=
ung war immer
ein äußerst zeit=
raubendes Ge=
schäft, und man
begreift deshalb
nur im Orient
jene Weisung
recht, niemand
auf dem Wege
zu grüßen. Die
Begrüßung hält
auf, und wer
Wichtiges zu
thun hat, darf
sich deshalb nicht
darauf einlassen.

Die Beduinen besannen sich nicht wie die Araber der Städte,
auch auf mich, den Ungläubigen, den Frieden des Himmels
herabzuwünschen, indem sie mich mit dem Gruße salâm alék
grüßten, der sonst den Muslimen vorbehalten ist.

    Das Beduinenmädchen, das die Herde hütete, drehte

mir oftentativ den Rücken und schielte nur verstohlen nach
meiner kleinen Karawane. Trotzdem es wohl Tage lang
keinen Menschen sieht, war es tief verschleiert. Das spärliche
Haar, in einige dünne Zöpfchen geflochten, ist kreisförmig
von einer Reihe längerer Nadeln umsteckt, die ihre Spitzen
wie zur Abwehr nach vorne richten. Die schwarzen Augen
sind das einzige, was vom Gesichte sichtbar ist. Sie funkeln,
als ob sie sagen wollten: „Rat einmal, was für ein Mund,
was für eine Nase, was für ein Gesicht zu diesen schönen
Augen gehören, was für eine Seele sich darin spiegelt."
Was ich später etwa von diesen verschleierten Geheimnissen
zu sehen bekam, war allerdings derart, daß mir das ver=
schleierte Rätsel lieber war als des Rätsels Lösung. Die
Beduinenweiber, die ich gesehen habe, waren alle sehr klein
und jämmerlich mager. Ihnen ist die Arbeit überlassen, den
Mädchen insbesondere das Hüten der Herde, eine Sitte, die
wir schon im alten Testament antreffen. Labans und Jethros
Töchter müssen wohl nicht nur deshalb die Herde hüten, weil
sie keine Brüder hatten, sondern weil es allgemein Landessitte
war. Ein Beduinenjunge fühlt sich schon in früher Jugend
viel zu sehr als Herr der Schöpfung, als daß er dies Geschäft
seiner Schwester abnehmen würde, wenn er eine solche besitzt.

Während des Tages unterhielt ich mich nur wenig mit
meinen Beduinen; wir wurden erst gesprächig, wenn wir
mittags oder abends am Lagerfeuer saßen. Ich hatte aber
oft meine Freude an den sehnigen Gesellen, die so braun
und verwittert aussahen, als wären sie aus den Granit=

und Porphyrfelsen gehauen worden, die ihre Heimat bedeuten. Mein Schech war eine ehrwürdige Gestalt, trotzdem seine Kleidung sehr ärmlich aussah. Ueber seinem Hemde trug er wie alle andern den Abba, einen braunen Mantel aus Kamelshaar. Ueber seiner Schulter hing sein Schwert, auf das er sehr stolz war. An einem andern Riemen trug er sein ganzes Mobiliar, wozu vor allen Dingen die Pfeife gehört; ferner ein Messer, ein Eisenstück, um die Pfeife zu reinigen und um am Feuerstein Funken zu schlagen, einen Tuchzipfel, in dem sich Tabak befindet, und eine Kapsel mit Munition für die lange Flinte, die er auf dem Rücken trug und mit der er schon eine große Anzahl von Steinböcken geschossen haben wollte. Auf seinem Haupte trug er den Turban, mit einem langen, einst weiß gewesenen Tuchstreifen umwunden. Ob darunter auch Haare auf dem Kopfe wachsen, kann ich nicht sagen, da ich nie einen Beduinen- schädel ohne diese Zierde gesehen habe. Gewöhnlich geht der Beduine barfuß; auf steinigem Terrain bindet er auch selbst- verfertigte Sandalen unter seine Füße.

Wenn wir stundenlang schweigend dahingeritten waren, stimmte oft einer der Beduinen eine Melodie an, ein Lied ohne Worte, das nur in der steten Wiederholung eines einzigen, unendlich eintönigen Motivs voll unsäglicher Schwer- mut bestand. Aber wenn ich glaubte, daß dem Manne in seiner Verzweiflung gewiß fast das Herz breche, drehte er sich um und fragte freundlich grinsend: „Ist das nicht schön, Chawadja?"

Anfangs bedrückte mich die starrende Einsamkeit und die grenzenlose Oede trotz ihrer großartigen Formen. Es war mir, als ob in dieser glühenden Einöde Leib und Seele verschmachten müßten. Denn Wald und Flur, Flüsse und Seen sprechen doch eine für das Gemüt verständlichere Sprache als die Wüste, und es dauerte einige Zeit, bis auch diese Landschaft für mich ihre Sprache gewann und ich die Obertöne heraushörte, die ihr eine besondere Stimmung und Klangfarbe verleihen. Je tiefer ich aber in die Wüste eindrang, um so mehr erwachte mir ihr eigentümliches Leben, um so mehr atmete ich Patriarchenluft, nach des Dichters Worten:

> Flüchte du, im reinen Often
> Patriarchenluft zu kosten!

Mit jedem Tage wurde mir die Wüste lieber, der Sinn freier, so daß ich immer häufiger die Melodie jener herausfordernden Worte aus dem west=östlichen Divan vor mich hinsummte:

> Laßt mich nur auf meinem Sattel gelten!
> Bleibt in euren Hütten, euren Zelten!
> Und ich reite froh in alle Ferne,
> Ueber meiner Mütze nur die Sterne!

Bis jetzt hatte ich keinen Ueberblick über die Thäler gewonnen. Wir ritten immer in der Tiefe des Wadi; rechts und links steigen die Felswände empor, bei deren Anblick einem Geologen das Herz im Leibe lachen müßte, so unver= hüllt und scharf tritt der geologische Aufbau der Landschaft

zu Tage, so daß die Schichtung und Struktur offen daliegt.
Manchmal scheint es, als ob von gewaltiger Hand ein Berg
auf den andern getürmt worden sei; der untere Teil besitzt
vielleicht die hellere Farbe des gewöhnlichen Granits, wäh=
rend der obere eine stark braunrötliche Färbung zeigt. An
manchen Stellen läuft wie eine ungeheure Strieme eine rote
Gesteinsader den Berg hinauf. Alle die zum Teil recht
ansehnlichen Berge, die das Wadi es=Sele einschließen, haben
mit Ausnahme des Umm Schomar keine besondern Namen;
wenn ich wenigstens nach dem Namen fragte, so bekam ich
immer wieder die stereotype Antwort: Djebel es=Sele. Es
kommt allerdings häufig vor, daß die Thäler die Namen
der Berge tragen, von welchen sie ausgehen, und wohl auch
umgekehrt; andererseits aber machen es die Beduinen wohl
auch wie jener Kapitän, der auf der Fahrt durch das Rote
Meer den ihn mit Fragen bestürmenden Passagieren irgend
einen Berg der Landschaft als den Sinai vorstellte, nur um
Ruhe zu haben. So konnte es auch vorkommen, daß ich
auf meine Fragen nach dem Grund irgend einer Sitte oder
Handlung von den Beduinen die alles lösende Antwort bekam:
alaschan kidä, warum? darum!

Als ich am dritten Tage den ersten Blick auf den Djebel
Mûsa, den heiligen Berg gewann, da ging es mir wie
allen Wallfahrern der Welt: Ich hätte mich am liebsten zu
Boden geworfen und vor dem einzigartigen Bilde gebeugt.
Inbrünstiger beten in solchem Augenblick die Pilger ihr
Paternoster und lassen die Rosenkranzkugeln fleißiger durch

die Finger rinnen; ich konnte durch keinen Mechanismus
der Lippen oder der Hände meiner Erregung Ausdruck ver=
schaffen. Ich wallfahrtete nicht zur heiligen Katharina, nicht
zu Mofe und zu Elia — und doch war, was ich empfand,
ein Geisteshauch alter heiliger Zeit, der zum Gebete stimmte.

Von der Höhe
des Paffes herab,
der in das Wadi
Sebaijeh hinüber=
führt, sieht man den
Djebel Mûfa, den
Berg, der drei Re=
ligionen heilig ist, in
majestätischem Auf=
bau sich über die
vielen Felszacken um
ihn her erheben.
Schon lange vorher
hatte die Aussicht
verraten, daß das
Gebirge hier all=

Der Djebel Mûfa von der Sebaijeh
aus gesehen.

mälig zu höherer Erhebung drängte. Jeder Berg, der
während des Reitens in den Gesichtskreis trat, wurde
ungeduldig daraufhin angesehen, ob er der Sinai sein
könnte. Jetzt wußte ich, daß es kein anderer sein konnte
als jener majestätische Berg, der in gewaltigem Absturz in
die Sebaijeh steil abfällt und dessen Kuppe zwei Kapellen

krönen. In der Ferne reiht sich unabsehbar Felszug an
Felszug.

Rasch durchritten wir das Wadi Sebaijeh, das von
vielen Felsblöcken übersäet ist und in seinem untern Teile
eine Quelle besitzt. Abgesehen vom Djebel Katherin sieht
man von hier aus die Spitze des Berges am besten, und
infolge des furchtbaren Absturzes imponiert der Berg von
dieser Seite her wohl am meisten.

Quer vor das Wadi Sebaijeh vorgelagert ist der kleine
Djebel Munedja, der das eigentliche Klosterthal abschließt.
Ein kleiner Paß führt aus dem Wadi Sebaijeh über den
Djebel Munedja nach dem Wadi ed=Dêr, dem Klosterthal.
Schnell erkletterte ich den Djebel Munedja, der einen über=
raschenden Ausblick in das Klosterthal gewährt. Das ist
ein Bild, das niemand so leicht vergessen wird. Auf der
linken Seite steigt der Djebel Mûsa in senkrechter Felswand
empor, die von vielen Schluchten zerrissen ist; auf der
rechten Seite, ihm direkt gegenüber, erhebt sich der Djebel
es=Salib, der Kreuzberg, dessen Spitze wie die des Djebel
Munedja mit einem Kreuze geziert ist. Diese beiden ge=
waltigen Gebirgszüge lassen das Thal nur nach Osten offen,
wo es in die große Ebene er=Raha ausmündet, die wieder=
um von größern und kleinern Bergen eingesäumt wird. In=
mitten des Thales liegt das Kloster mit dem Klostergarten,
anmutig und friedlich wie ein schlafendes Kindlein in un=
geheurer Felsenwiege. Wären die festungsartigen Mauern
auf einer Ebene, so würden sie einen stattlichen Anblick

gewähren; so aber scheinen sie wie ein winziges Kinderbauwerk neben den riesigen Felsmauern, die sie zu beiden Seiten überragen.

Das Wadi ed-Dêr mit dem Kloster. Im Hintergrund die Ebene er-Raha.

Wenn das Kloster nach Justinians Befehl eine Festung und ein Zufluchtsort für die bedrohten Mönche sein sollte, so begreifen wir des Kaisers Unwillen über seinen Bau= meister, der diesen Platz ausgewählt hatte. Das Kloster

kann nämlich von beiden Seiten bequem mit Geschossen
überschüttet werden. Der Baumeister, der nach Prokop den
Bau mit dem Tode büßen mußte, ist daher offenbar nach
andern Gründen verfahren als nach rein strategischen.

Als wir am Kloster angekommen waren, machten wir
Lärm an dem großen, eisenbeschlagenen Hofthor. Aber es
dauerte lange, bis wir erhört wurden, und ich hatte Zeit
genug, mir die Annehmlichkeiten des frühern Eintritts ins
Kloster zu überlegen, als man noch in einem Korbe zu dem
Mauervorsprung hinaufgezogen wurde und die Gastgeber so
Gelegenheit hatten, den Eindringling zu prüfen. Endlich
knarrte das Thor auf; im Hofe stand, mit einer verblichenen
Kutte angethan, ein gebücktes Männchen, dem ich es nicht
ansehen konnte, daß er der Oekonom des Klosters und somit
eine gewichtige Persönlichkeit war. Ich gab meinen Empfehlungs=
brief ab, wobei ich allerdings dem Mönche nicht zutraute,
daß er ihn lesen könnte. Aber er machte sich doch langsam
an dies Geschäft und las den Brief schweigend zu Ende.
Alle weitern Formalitäten wurden aber abgeschnitten, als
meine beiden Freunde Glaue und Knopf aus dem Kloster
traten und mich in Empfang nahmen. Sie hatten schon
längere Zeit im Kloster in angestrengter Bibliothekarbeit
verbracht, an der ich für den Rest des Aufenthaltes teil=
nehmen sollte.

Der Aufenthalt im Kloster.

Das Innere des Klosters. — Aberglaube der Beduinen über das Kloster. — Die Kirche. — Die Moschee. — Die Mönchs- und Pilgerwohnungen. — Die Bibliothek. — Der Codex Sinaiticus und der Codex Syrftn. — Die Mönche. — Die Klosterregeln. — Der Klostergarten und die Krypta. — Unsere Arbeit und unsere Muße. — Der alte Musa.

———

Das Kloster ist ein Komplex von verschiedenen Gebäulich= keiten, die durch eine hohe viereckige Mauer eingeschlossen werden. An der Westseite der Mauer befindet sich ein großes vermauertes Thor, durch welches jeweils der neue Erzbischof einziehen soll. Dieser Einzug ist aber mit großen Abgaben an die Beduinen verbunden, sodaß auch der Erz= bischof lieber durch das kleine, mit Eisen beschlagene, niedere Pförtchen einzieht, das sich daneben befindet.

Durch einen dunkeln, niedern Gang gelangt man in das Innere des Klosters. Es ist sehr unregelmäßig gebaut und verrät dadurch seine allmälige Entstehung. Die meisten Gebäude lehnen sich an die Klostermauern an. In der Mitte befinden sich die Kirche, die Moschee, die Bibliothek und die Priorswohnung. Enge Gäßchen zerteilen das La= byrinth von größern und kleinern Gebäulichkeiten in viele Abschnitte. Ich glaube kaum, daß außer der Kirche und

Das Kloster vom Djebel Musa aus gesehen.

Mauerfundamenten etwas in die Zeit der Gründung des
Klosters, ins sechste Jahrhundert zurückreiche. Ein Teil der
Mönchswohnungen scheint sogar vor nicht allzu langer Zeit
gebaut worden zu sein. Die Wahl des Ortes verblüfft
den, der an den Zweck der Errichtung einer schützenden
Festung für die unbewehrten Mönche denkt. Wenn man
auf der Zinne steht, so sind die Felswände der Berge rechts
und links fast zum Greifen nah. Ein Bombardement mit
heiligen Steinen, die draußen reichlich umher liegen, ist gar
nichts Unmögliches, geschweige denn mit wohlgezielten Flinten=
schüssen. Doch muß es das Kloster verstanden haben, sich
bei den Beduinen in Respekt zu setzen. Der Aberglaube der
Wüstensöhne kam diesem Bestreben zu Hülfe. Nach ihrer
unverbrüchlichen Ueberzeugung, die jedenfalls von den Mönchen
sehr gepflegt wurde, verstehen die Mönche das Wettermachen;
jedenfalls haben sie Gewalt über den Regen. Sie brauchen
nur ein bestimmtes unzugängliches Fensterchen zu schließen,
so kommen die armen Beduinen um ihren Regen. Auch
gegen allfällige Schatzgräbergelüste der Beduinen, die stets
rege sind, ist das Kloster durch ähnlichen Aberglauben gefeit;
so mochte es kommen, daß die wenig schützenden Mauern
doch einen nicht zu überschreitenden Zauberkreis um die
Mönche zogen. Da aber der Erbauer nicht mit solchen
Möglichkeiten rechnen konnte, so wird entweder die gute
Quelle, die sich innerhalb der Klostermauern befindet, oder
die bereits anerkannte Heiligkeit des Ortes oder beides zu=
sammen die Wahl dieses Ortes bestimmt haben.

Ungefähr in der Mitte des Klostergebietes steht die
Kirche. Sie liegt verhältnismäßig sehr tief, so daß sie ab=
gesehen vom Turm kaum über das Niveau der gewöhnlichen
Dächer hinaufragt. Sie ist eine dreischiffige Basilika, an
welche sich sowohl an der Längsseite als auch an der Breit=
seite verschiedene Kapellen anschließen. Vor dem Eingang
befindet sich eine schmale Vorhalle, der Narthex der alten
Basilika. Die Thüre aus Holz ist sehr alt und reich orna=
mentiert. Das Innere macht trotz der schönen Verhältnisse
einen verwirrenden Eindruck. Unzählige kostbare Lampen,
die tief von der Decke herabhängen, zerschneiden das Bild
in viele Teile und lassen keinen Gesamteindruck aufkommen.
Dazu kommt noch, daß der Raum überladen ist mit allerlei
Weihgeschenken und zerstreuendem Zierrat. Dem byzantini=
schen Geschmack ist die Harmonie der Verhältnisse, die
Schönheit der Einfachheit nicht genug; er setzt noch irgend
einen Aufputz hinzu, der die ursprüngliche Wirkung wieder
zerstört. So sind z. B. auch die schönen Granitsäulen, die
die Decke tragen, mit Stuck beworfen und grün bemalt
worden. Sie sind verhältnismäßig sehr niedrig und tragen
eine hohe Mauer, auf der die Decke ruht. Diese ist flach,
bunt bemalt und jedenfalls neuern Datums. Die Kapitelle
der Säulen sind nicht sehr fein ausgeführt und erinnern
an plumpe korinthische Kapitelle, wie man sie in manchen
Moscheen in Kairo findet, z. B. in el 'Amr, wo eine bunte
Mustersammlung aller möglichen Kapitelle angetroffen wird.
Es mag in Aegypten wohl Jahrhunderte gegeben haben, die

keine einzige Säule mehr selbst zu stande brachten, sondern
ihren Bedarf aus den großen Schätzen der Antike bezogen.
Die Seitenschiffe sind sehr niedrig und erhalten Licht durch
kleine byzantinische Fenster. An einer Säule des Mittel-
schiffs ist eine marmorne Kanzel angebracht. An einer andern
steht der Bischofsstuhl mit dem Bilde des brennenden Busches,
in welchem Maria mit dem Kinde sitzt — ein der orien-
talischen Kirche geläufiges Symbol der Jungfräulichkeit
Mariä. Geschnitzte Chorstühle zu beiden Seiten laden ein,
in der dämmerigen Stille eine sinnende halbe Stunde zu
verbringen.

Der Chor ist erhöht. Ueber der Apsis befindet sich das
bedeutendste Kunstwerk der Kirche, ein herrliches Mosaik-
gemälde, das die Verklärung Christi darstellt. In monu-
mentaler Ruhe schaut das Bild, dem jedes zerstreuende Detail
fehlt, auf den Beschauer herab. Es gibt in der ganzen
Kirche nichts, was so sehr in die altchristliche Zeit zurück-
versetzte wie dieses Kunstwerk. Oft ungelenk und steif drückt
diese älteste christliche Kunst im großen Styl das, was sie
sagen will, nicht aus durch das nuancierte Spiel der Ge-
berden oder durch lebendige Bewegung; sie charakterisiert die
Thatsachen oder Persönlichkeiten der heiligen Geschichte, die
für den Gottesdienst wichtig sind, oft nur durch leise an-
deutende Gesten oder durch bedeutsame Gruppierung. Der
Künstler, einer vollständigen Beherrschung der Formen noch
nicht fähig, läßt den geistigen Gehalt einer Persönlichkeit durch sich selbst wirken, ohne ihn durch die Art der

Darstellung dem Beschauer eingehend zu interpretieren. Die
Phantasie soll sich desselben bemächtigen, und das Bild
wirkt deshalb um so gewaltiger, je reger jene schalten kann.
Gerade weil wir das große, heilige Wollen in dem noch
ungelenken Können der Musikkunst wenigstens der alten
Zeit ahnen, wirkt ein solches Kunstwerk in seiner Ruhe
und Einfachheit des Ausdrucks um so eindringlicher auf den
Beschauer.

In der Mitte des Bildes steht der jugendliche Christus,
noch ohne Bart. Um ihn herum die heiligen Sinaigestalten
des alten Bundes, Mose und Elia. Am Boden liegend
oder knieend Jesu Lieblingsjünger, ganz überwältigt von der
Herrlichkeit der Verklärung ihres Meisters. Um die Apsis
herum zieht sich ein Band von Brustbildern, unter denen
die zugehörigen Namen stehen; es sind Propheten, Apostel
und Heilige. Ueber der Apsis ist Mose vor dem brennenden
Busche und mit den Gesetztafeln. Darunter sind zwei
Rundbilder, die bald als Jesus und Maria, bald als Mose
und die heilige Katharina, von den Mönchen dagegen als
Justinianus und Theodora gedeutet werden.

Welche Inspiration muß der Künstler erfahren haben,
der in solcher Landschaft solche Dinge malen durfte!   .

Das Allerheiligste der Kirche ist die Kapelle zum brennenden Busch unterhalb des Chores. Sie darf nur mit
ausgezogenen Schuhen betreten werden zur Erinnerung an
das Gebot: Ziehe deine Schuhe aus, hier ist heiliger Boden.
Da wo der brennende Busch gestanden haben soll, steht nun

ein Altar, über dem drei silberne Lampen hängen. Ein Fensterchen, das nur einmal im Jahr von einem direkten Sonnenstrahl gefunden werden soll, läßt gerade so viel Licht ein, um mit dem rötlichen Licht der Lampen eine mysteriöse Dämmerung zu erzeugen.

Neben der Kirche liegt eine halbzerfallene Moschee mit einem Minaret, auf das sich ein Gebetsrufer nur in selbst= mörderischer Absicht wagen dürfte. Der Verfall dieser Moschee wird von niemand aufgehalten. Die Mönche haben nicht mehr wie früher ein Interesse an ihrer Erhaltung, um nicht den Angriffen muslimischer Gewalthaber ausgesetzt zu sein, und die Beduinen lassen so wie so alles zerfallen, was zerfallen kann. Der Wächter der Moschee, ein Steinbock, von dem die frühern Reisenden erzählten, hat den Hof derselben ver= lassen, jedenfalls aus Furcht vor dem Einsturz. Er muß in die Berge gegangen sein oder ist vielleicht von einigen fleischlüsternen Brüdern aufgezehrt worden; dann aber sicher in jenem kleinen Stall im Garten, wohin, wenn man klösterlichen Lästerzungen glauben darf, einige der laxern Brüder manchmal zu dem verbotenen Fleischgenusse schlichen. Im Kloster selbst ist Fleischgenuß untersagt. Das muslimische Gotteshaus inmitten dieses christlichen Heiligtums nimmt sich sehr merkwürdig aus und läßt sich nur erklären als eine Art Kompromiß mit muslimischen Gewalthabern, die dem Kloster schaden konnten.

Die Mönchswohnungen bieten nichts Bemerkenswertes. Der innern Seite der Umfassungsmauer entlang läuft ein

schmaler Gang, wo die Mönche abends lustwandeln. Er
mündet auf eine freie Terrasse, von der man einen hübschen
Ueberblick über das Innere des Klosters und das Klosterthal
genießt. Dort befindet sich auch die Artillerie des Klosters,
verschiedene kleine Kanonen und Pistolen, die versuchen,
furchterregend zu den engen Schießscharten hinauszuschauen.
Niemand weiß, ob sie jemals gegen Feinde des Klosters in
Aktion gesetzt wurden; ich fürchte sehr, daß sie gegenwärtig
niemand bedienen könnte und daß der Schütze gefährdeter
wäre als der Bedrohte.

Dicht daneben befinden sich die Zimmer für die Pilger,
die von Zeit zu Zeit einen Hauch von tiefer Frömmigkeit
in das Kloster bringen. Sie bleiben gewöhnlich acht Tage
lang im Kloster, wenn sie durch Ungeziefer nicht schon vorher
vertrieben werden. Einige dieser Zimmer sind für Reisende
hergerichtet und sehen ganz wohnlich aus.

Große Wandlungen hat die Bibliothek erfahren. Diese
ist nicht mehr wie zu Tischendorfs Zeiten in alten Körben
und dunklen Löchern untergebracht, sondern in mehreren
hellen und geräumigen Zimmern mit ordentlichen Bücher-
gestellen und Schreibtischen. Ich weiß nicht zu sagen, wer
an dieser löblichen Aenderung schuld ist; jedenfalls auch der
jetzige Bibliothekar, ein stiller jüngerer Mann, der merklich
aus dem Meer von Schmutz und Unwissenheit um ihn her
aufragt. Es giebt jetzt in der Bibliothek nur noch vereinzelte Bücher, die nicht katalogisiert und numeriert sind.
Der letzte Rest der arabischen und aramäischen Handschriften

wurde von den zwei bekannten englischen Damen Mrs.
Lewis und Gibson in mehrmaligem Aufenthalt katalogisiert
und durchgesehen, wobei mehrere für die Wissenschaft höchst
wertvolle Entdeckungen gemacht wurden. Ob gründlichere
Nachsuchungen in alten, verlassenen Gängen und Löchern
noch mehr Schätze zu Tage fördern würden, ist mir zweifel=
haft, da allmälig sogar hier eine Ahnung vom Wert dieser
Schätze und der Notwendigkeit, sie in Ordnung zu halten,
aufgedämmert ist — eine Erkenntnis, die in manchen koptischen
Klöstern, z. B. denen in der libyschen Wüste, noch nicht vor=
handen ist. Dort im Kloster Syrian z. B. lagen die
Bücher wild durcheinander in einer Rumpelkammer. Diese
Geringschätzung ist aber merkwürdigerweise doch mit einem
großen Mißtrauen gegen Fremde verbunden; denn als ich
in einem koptischen Kloster ein Gemach des Klosterturmes
untersuchen wollte, wo ich weitere Schätze vermutete, konnten
die schlauen Kopten in kaum verstellter Absichtlichkeit den
Schlüssel nicht finden.

Die Zahl der Handschriften in der Sinaibibliothek ist
sehr groß; es sind hauptsächlich griechische, aramäische und
arabische Codices. Wie viele fleißige Hände haben daran
gearbeitet! Aber jedenfalls in einer Zeit, wo Gelehrsamkeit
und Interesse noch nicht fossil geworden waren wie heute.
Man kann sich die jetzigen Mönche nicht in stiller Klause
bei heiliger Bücherarbeit sitzend denken, während der Bestand
der Bibliothek eine ungeheuer fleißige Arbeit der frühern
Mönche voraussetzt; denn wenn auch viele der Manuskripte

nach dem Kloster gebracht sein mögen, so ist doch anzunehmen,
daß eine große Zahl derselben im Kloster geschrieben worden ist.
Da das Kloster griechisch-orthodoxer Konfession ist und das
Griechische wohl immer die eigentliche Klostersprache bildete,
ist es immerhin auffallend, daß sich so viele aramäische und
arabische Handschriften vorfinden.   Wenn sich die Existenz
slavischer und georgischer Schriften erklären mag dadurch,
daß, wie noch heute, Leute aus allen Teilen der Balkaninsel
und Kleinasiens Mönche des Sinaiklosters wurden, so liegt
der Schluß nahe, daß früher auch syrisch und arabisch sprechende
Christen Bewohner des Klosters waren, was heute natürlich
nicht mehr der Fall ist.   Die wenigen Mönche im Kloster,
die arabisch sprechen, sprechen es so schlecht, daß ich mich
wunderte, wie die Beduinen sie verstehen; jedenfalls können
sie nicht mehr arabisch lesen oder schreiben.   Die große Anzahl
arabischer Handschriften, hauptsächlich aus Evangelien bestehend, erinnert daran, was für ein blühendes, für uns
vielfach so wenig bekanntes Christentum auf der arabischen
Halbinsel und überhaupt in arabischem Sprachgebiet geherrscht
haben muß.   Das ist vollständig durch die Sturmflut des
Islam weggespült worden, und das einzige, was als Zeichen
dieses religiösen Lebens unzerstörbar übrig geblieben ist, ist
Gottes Wort in arabischer Sprache.   Selbstverständlich er-
reichte die Brandung jener religiösen Hochflut auch das
Kloster.   Es mögen keine leichten Tage für dasselbe gewesen
sein, als neue Beduinenstämme, fanatisch für die eben erst
angenommene neue Religion kämpfend, auch in die Sinai-

halbinsel eindrangen und sich darin festsetzten. Wohl waren die Christen der Halbinsel schon längst an Ueberfälle der Sarazenen gewöhnt; aber diese waren heidnische Räuber, die nicht an religiöse Propaganda dachten. Jetzt kamen Missionare, die mit dem Schwert und der Gewalt missionierten. Das Kloster war durch seine Mauern, seine Heiligkeit und bald auch durch seine Verträge geschützt, nicht aber die christlichen Bergbewohner, die heutigen Djebelije, die dem Kloster untergeben waren. Das Kloster konnte es nicht hindern, daß sie bald ebenso gute Muslimen wurden wie die neu herübergekommenen Beduinenstämme. Dagegen half keine Bibliotheksarbeit; Disputationen wie in Syrien, die außerdem nichts ausrichteten, waren unmöglich einem Volke der Wüste gegenüber, das sozusagen keine andere Kultur besaß als seine Religion.

Man weilt mit stiller Ehrfurcht unter diesen Büchern, unter denen ein Codex Sinaiticus und der sogenannte Codex Syrsin gefunden wurde. Die Geschichte der Auffindung des erstern liest sich wie eine Odyssee. Die Mönche reden jetzt noch von jenem Schatze, der gegenwärtig zum Teil in St. Petersburg und zum Teil in Leipzig aufbewahrt wird. Auf jeden Fall ist den Mönchen zuviel dafür geschenkt worden. Dadurch stieg in ihren Augen der Wert der Bibliothek, auch ganz unbedeutender Bücher, ins Maßlose. Es wird daher ganz unmöglich sein, der Zukunft die Benutzung der Bibliothek zu erleichtern durch ihre eventuelle Ueberführung nach der Filiale des Klosters in Kairo. Die Auffindung des Codex

Sinaiticus ist meines Wissens die erste Entdeckung der Schätze
der Sinaibibliothek gewesen; durch sie wurde der weitere
Ruin der Bibliothek aufgehalten, indem nun sowohl das
gelehrte Abendland aufmerksamer nachforschte, als auch im
Kloster selbst die Aufmerksamkeit erweckt wurde in Gestalt von
Gewinnsucht, die in den alten Büchern wertvolle Kapitalien
erblickte. In der That repräsentieren die vielen Manuskripte
für das Kloster ein Depositum von wertvollen Obligationen,
Aktien und Pfandscheinen, die eine occidentalische Bibliothek
gerne bei hohem Kurs einlösen würde. Einen wissenschaftlichen Wert besitzt die Bibliothek nicht für die Mönche, da
sie keiner zu benützen versteht. Der Bibliothekar, der jetzt
gute Ordnung hält in der Bibliothek, scheint zwar das
Numerieren, Zettelaufkleben und Seitenzählen für eine sehr
wissenschaftliche Arbeit zu halten. Mit dem Geldwert der
Bibliothek ist auch ihr Heiligkeitswert gestiegen; das Kloster
müßte daher jedenfalls in arger Geldverlegenheit sein, um
weitere Manuskripte zu verkaufen; denn die Mönche wissen,
daß ihre Bücher auf fremde Reisende eine viel größere
Anziehungskraft ausüben als ihre eigene Heiligkeit und die
Mauern des Klosters. Auch die Heiligkeit eines Klosters
richtet sich nach Angebot und Nachfrage, nach der Frequenz
des Besuches. Und diese hat in den letzten Dezennien sehr
gelitten gegen früher, wo noch römische Katholiken, Muslimen
oder gar Juden zu der heiligen Stätte wallfahrteten. Dagegen wird das Kloster wieder häufiger besucht, seitdem der
Fremdenstrom sich mehr nach Aegypten lenkt und der Reisende,

müde der Eisenbahnfahrten und Schiffstouren, eine Wüsten=
reise zu Kamel für einen raffinierten Reisegenuß hält.

Das wertvollste Schaustück der Bibliothek ist gegenwärtig
der sogenannte Codex Syrsin, die älteste syrische Bibel=
übersetzung, die wahrscheinlich auf einen griechischen Text des
zweiten Jahrhunderts zurückgeht, während die ältesten uns
bekannten griechischen Bibelhandschriften, der Sinaiticus,
Vaticanus 2c., im besten Falle aus dem vierten und fünften
Jahrhundert stammen. Abgesehen von dem Wert der Ueber=
setzung für die Rekonstruktion des griechischen Textes hat
eine syrische Uebersetzung, zumal wenn sie älter ist als die
uns schon bekannte der Peschittho, für uns besondere Be=
deutung, weil sie die Worte des Herrn in der Sprache
wiedergibt, in der sie gesprochen wurden. Manche Ausdrücke
erhalten so eine schwächere oder stärkere Färbung, als sie
das Griechische geben konnte, oder führen einen Nebenwert
mit sich, der dem Griechischen entging. Leider ist der Codex
sehr lückenhaft und beschädigt. Was erhalten ist, ist von
Merx deutsch herausgegeben und mit einer Einleitung ver=
sehen worden, nachdem die beiden Damen Lewis und Gibson
den wertvollen Fund syrisch herausgegeben hatten. Sie haben
der Bibliothek auch einen wertvollen Mahagonischrank ge=
stiftet, in dem der unscheinbare Codex nun endlich einen
seiner würdigen Aufenthaltsort gefunden hat. Hunderte von
Jahren hat er vielleicht in einem vergessenen Korbe neben
wertlosem Material, wovon es auf dem Sinai auch noch genug
gibt, gelegen. Es ist ein Palimpsest, d. h. die ursprünglichen

Schriftzüge sind von den Mönchen weggekratzt worden, um Pergament für neue Schriften zu gewinnen und so eine Ersparnis an Schreibmaterial zu machen. Wenn man sieht, wie schwach und verwaschen jene alten Züge unter den später darüber geschriebenen arabischen Schriftzügen hervorschauen, so erfüllt uns die Geduld und Sorgfalt, mit der die Ent= decker Blatt um Blatt entzifferten, oft, wie sie selber erzählen, an einem einzigen Worte herumstudierten, mit hoher Be= wunderung.

Dieser Codex Syrsin brachte mich beinahe in den Ver= dacht, der Bibliothek eines seiner wertvollen Blätter entführt zu haben. Als mir eines Abends kurz vor Bibliothekschluß der Bibliothekar ein sehr altes syrisches Palimpsest zeigte, das noch nicht katalogisiert war — es stellte sich nachher leider als ein Peschitthotext heraus — und ich mir für kurze Zeit zur Vergleichung der Schriftzüge den Syrsin geben ließ, fehlte ihm nachher beim Blätterabzählen eines der numerierten Blätter. Trotzdem wir alles untersuchten, war das kostbare einzelne Blatt nicht aufzufinden; leider hatte ich beim Empfang der losen Blätter versäumt, durch Vorzählen zu konstatieren, ob es überhaupt vorhanden gewesen war. Es blieb nichts anderes übrig, als die Sache dem Skeuophylax, dem Prior, anzuzeigen. Nach wenigen Minuten kam der Bibliothekar freudestrahlend zurück mit der Botschaft, daß das Blatt beim Prior liege, weil es schadhaft sei. Dieser erlösenden Nach= richt folgte aber auf dem Fuße ein Dementi, wonach das aufbewahrte Blatt nicht das fehlende war.

Dieses Vorkommnis benutzte nun die edle Gesellschaft, um einmal einen Einblick zu thun in unser Zelt und seinen Inhalt. Während wir höhnend und scheinbar entrüstet, innerlich aber ob der merkwürdigen Scene lachend daneben standen, wendeten die würdigen Väter unsere Matratzen um, schauten in unsere Proviantkiste, wühlten in unsern Heften und Büchern, um sich endlich zu vergewissern, daß das Blatt nicht in unserm Besitze sei. Nachdem sich der Bibliothekar höflichst entschuldigt hatte, zog er wieder ab mit der Schar der zerlumpten Brüder, die sich bei dieser Aktion höchst wichtig vorkamen. Wir hatten nun einmal das Blatt nicht gestohlen, hätten auch wahrscheinlich bei allfälliger Neigung unser handgreifliches Interesse nicht auf ein einzelnes Blatt beschränkt. Entweder hatte einer der Mönche das Blatt selbst gestohlen, oder das Intermezzo war arrangiert worden, um für uns als Chikane und für die Brüder als Schauspiel in der öden Leere ihres Daseins zu dienen, oder aber es sollte diese Haussuchung den Argwohn der Mönche be= schwichtigen, daß wir vielleicht andere Schätze der Bibliothek bei uns versteckt hielten. Dieser Argwohn begleitet jeden Fremden, der nicht etwa wie die russischen Pilger von vorne herein seine Stupidität zur Schau trägt. Wir hörten nachher, daß man frühern Besuchern und Besucherinnen nach ihrer Abreise nachgesetzt haben soll, um solche vermißte papierene Hausgötter wieder zu erlangen. Die Verfolgung soll aber wie die des Laban resultatlos geblieben sein. Sicher ist, daß dem Kloster schon viel entwendet wurde, wie denn

überhaupt vieles in den Schauläden der Antiquitäten= und
Manuskriptenhändler in Kairo auf dunkeln Pfaden her=
gewandert ist. Solange aber durch die grenzenlose Unordnung
die Manuskripte in Gefahr waren, der Wissenschaft über=
haupt verloren zu gehen — wurden sie doch schon als
Feuerungsmaterial benutzt! — wird der ethische Konflikt die
Betreffenden nicht allzusehr bedrängt haben.

Die Hüter dieser Schätze sind etwa dreißig Mönche, die
sich offenbar in eine Aristokratie und eine Plebs teilen. Die
erstere unterscheidet sich schon durch eine etwas reinlichere
und sorgfältigere Kleidung von der gewöhnlichen Brüder=
schaft; zu ihr gehört in erster Linie der Skeuophylax, der
die Stelle eines Priors einnimmt, ein schöner, freundlicher
Mann; dann der Oekonom, der für das Leibliche der Brüder
zu sorgen hat und von dessen Härte und Geiz die niedern
Brüder viel zu erzählen wissen; außerdem darf sich auch
der Bibliothekar seiner verhältnismäßigen Bildung wegen
zu diesen Obersten des frommen Volkes rechnen. Allerdings
in einem Punkte reicht er bei weitem nicht an seine beiden
Vorgesetzten heran; wenn man nämlich der Medisance einiger
Brüder trauen darf, so sind jene beiden reiche Leute, die
mehrere Tausend Pfund auf der Bank liegen haben und
eifrig bemüht sein sollen, diese Summe zu äufnen. Inwiefern
diese Lästerkunde mit dem Sachverhalt und den Klosterregeln
stimmen konnte, war uns natürlich unmöglich zu erfahren.
Eines konnten wir dieser Erzählung mit Sicherheit ent=
nehmen, daß nämlich zwischen der Aristokratie und der Plebs

ein empfindlicher Gegensatz besteht. Schon im Aeußern; diese
niedern Brüder sehen alle aus wie Malertypen für den
verlornen Sohn, was Zerlumptheit, Schmutz und Verwahrlosung anbetrifft. Ich weiß nicht, ob diese Eigenschaften
vielleicht nicht als besonders verdienstvolle Askese auch noch
zu den Klostergelübden gehören. Mein Reinlichkeitsgefühl
empört sich jetzt noch, wenn ich an den ersten Abend denke,
an welchem einer der Mönche mir entgegenkam, näher, immer
näher, bis er mich schließlich in seine Arme erwischte und
seine Lippen aus dem Urwald seines wilden Bartwuchses
heraus mir einen brüderlichen Kuß auf die Wangen pflanzten.
Meine Freunde schauten mit innerer Genugthuung diesem
Zärtlichkeitsanfall zu, für den mir das Verständnis abging.
In den abgestumpften Gesichtern ist keine Spur von Andacht,
von Frömmigkeit, von Geistigkeit zu lesen, wie man sie doch
etwa in abendländischen Klöstern finden mag. Viele der
Mönche sollen hieher gekommen sein, um der irdischen Gerech-
tigkeit zu entgehen. Das Kloster ist in der That ein Straf-
kloster, wie z. B. auch Mar Saba in der Wüste Juda, und
manche böse That, vielleicht nicht nur gegen die Kloster-
gelübde, muß in dieser Weltabgeschiedenheit gebüßt werden.
Viele sind dem Trunk ergeben, welcher Leidenschaft das
Kloster durch eine eigene Arakbrennerei Vorschub leistet. Der
Gärtner, der uns etwa einiges in die Küche brachte, hätte
für ein Glas Whisky das ganze Kloster verkauft oder alle
seine Geheimnisse verraten.

Die Klosterregeln sind sehr streng, das Essen erbärmlich;

Fleischgenuß ist im Kloster überhaupt untersagt, was von
einigen so ausgelegt wird, daß es im Garten gestattet sei.
Früher war, wie jetzt noch auf den Athosklöstern, alles, was
weiblichen Geschlechtes war, aus dem Bereich des Klosters
verbannt, sogar Hühner und Katzen. Jetzt scheint diese Regel
nicht mehr streng gehandhabt zu werden; denn es haben sich
schon öfters Damen im Kloster aufgehalten; auch scheinen
die Eier, die uns der Gärtner jeweilen in Erwartung eines
Glases Whisky unter seiner Kutte brachte, dafür zu sprechen,
daß auch Hühner jetzt der Vergünstigung des Aufenthaltes
im Kloster teilhaftig sind.

Das Kloster besitzt große Güter in Bulgarien, Rumänien
und auf den griechischen Inseln. Es steht unter dem Metro=
politen von Jerusalem, hat aber einen eigenen Erzbischof,
der gegenwärtig in der Verbannung lebt. Es hat Filialen
in Tür, Suez und Kairo, mit welchen Orten es schon
wegen der Verproviantierung in steter Verbindung bleibt.
Die Mehrzahl der Mönche, die natürlich alle der orthodoxen
Konfession angehören, sind Griechen; doch mögen sich auch
vereinzelte Rumänen oder Russen unter ihnen befinden. Die
wenigsten sind gerne im Kloster; sie leiden auch meist an
Rheumatismus, was nicht verwunderlich ist. Der Biblio=
thekar, der uns gegenüber allmälig etwas auftaute, ließ
öfters seine Sehnsucht, aus dieser zweifachen Wüste heraus=
zukommen, durchblicken. Welche Tortur für einen nicht ganz
abgestumpften Menschen, in einer vielfach verkommenen und
verdummten Gesellschaft leben zu müssen! Dafür kann die

Heiligkeit und Erhabenheit des Ortes, die gewiß mit der Gewohnheit allmälig an Eindruck verliert, auch das religiösefte Gemüt nicht entschädigen.

Das Kloster mit dem Klostergarten; im Hintergrund
der Djebel Munedja.

Einen wohlthuenden Gegensatz zu dem finstern und engen Kloster bildet der Klostergarten, der sich als ein schmaler grüner Streifen weit in das Thal hinabzieht. Eine kühle, gute Quelle vollbringt dieses Wunder in der Felswildnis. Herrliche Oliven=, Mandel= und Aprikosenbäume und ver= schiedene Gemüsearten gedeihen hier vortrefflich. Dazwischen ragen einige dunkle Cypressen auf, wie um auch dem blühenden Garten einen düstern und ernsten Eindruck zu verleihen. Der Garten, der für die einzelnen Brüder in Parzellen abgeteilt ist, ist sicherlich für manchen ein schönes Stück Welt, vielleicht das Einzige, an das er sein Herz noch ge= hängt hat und das er nicht missen möchte.

Einige zahme Gazellen scheinen das Recht zu haben, ihn als Rennplatz benutzen zu dürfen.

Auch der Garten ist von einer ziemlich hohen Mauer umgeben, die wir auf unsern Ausgängen oft überkletterten, um nicht immer den Schlüssel im Kloster holen zu müssen.

Mitten im Garten liegt die Krypta, das Beinhaus, das die Gebeine der auf dem Sinai Verstorbenen enthält. Da sind die Arm= und Beinknochen verstorbener Mönche aus vielen Jahrhunderten zu einem gewaltigen Haufen aufeinander geschichtet wie die Scheiter eines Holzklafters, während die Schädel auf einer andern Seite aufgehäuft sind.

An der Thüre sitzt ein scheußliches zusammengekauertes Gerippe, die Ueberreste des heil. Stephanus, eines Pförtners, der sich durch besondere Heiligkeit hervorgethan hatte.

Die großartige Vision Hesekiels stieg vor mir auf: Ein Feld voller Totengebeine, in die der Atem des Herrn fuhr und sie wieder lebendig machte. Totengebeine sah ich wohl —

sie schimmerten gespenstig in dem Halbdunkel; aber von Leben im ganzen Kloster keine Spur; die Toten werden von Toten begraben.

Unter den Olivenbäumen des Gartens stand das Zelt, das meine Freunde mitgenommen hatten. Dicht daneben

Unser Zelt im Klostergarten.

war ein tiefer, ausgemauerter Brunnen. Die niedern Kronen, die uns beschatteten, waren so dicht, daß sie nur den aller= spitzigsten Sonnenpfeilen den Durchgang gestatteten. Wir litten in keiner Weise unter der Hitze; die Luft war vielmehr von köstlicher Reinheit und Frische.

Der ganze Vormittag und die Zeit des Nachmittags,
in welcher die Bibliothek überhaupt geöffnet war, war der
Arbeit gewidmet. Schweigend saßen wir inmitten eines
Berges von alten Codices in dem kleinen Schreibzimmer
der Bibliothek, manchmal uns freuend über die Sauberkeit
und Sorgfalt, mit der ein einstiger Klosterbruder das heilige
Wort abgeschrieben hatte, manchmal ärgerlich über die Flüch=
tigkeit des Abschreibers, der den Sinn verderbt oder ver=
stümmelt hatte, immer aber staunend über die ungeheure
Flüssigkeit und Variabilität des Textes, der in hunderterlei
Formen denselben Sinn wiedergibt. Der Bibliothekar be=
wachte uns unausgesetzt, und wenn wir aufschauten, so sahen
wir, wie die Erzbischöfe vergangener Zeiten mit aufgehobenem
Zeigefinger uns von den Wänden herab segneten. Es waren
gestrenge und gütige Herren darunter.

Nach dem Mittagessen blieb das Kloster mehrere Stunden
geschlossen. Da nahm dann jeder von uns sein Schaffell
und legte sich unter seinen Oelbaum. Ueber uns wölbte
sich der grüne Himmel der dichten Olivenkronen, durch deren
dichte Blättchen das tiefe, herrliche Blau des Himmels=
gewölbes durchschimmerte. Manchmal war es ein träu=
merisches Spiel der Augen, hoch oben am Djebel es=Salb
die schwer zu erkennende einsame Cypresse des zerfallenen
Epistemeklösterchens zu suchen inmitten der rötlichen oder
dunkelbraunen Granitfelsen, von denen sie sich nur wenig
abhob. Oder wir sahen mit schläfrig blinzelnden Augen
unserm Koche Ftech zu, der vielleicht ein paar Wachteln zum

Abendessen rüstete oder den „Hirsch" ausbalgte, eine Gazellen=
art, die von den Beduinen gejagt wurde und deren Fleisch
sehr angenehm schmeckte neben den steten Konservengerichten,
die sonst unsere Nahrung bildeten. Ftech, einer der mit=
gebrachten Beduinen, verstand alles und ging unserm Selim
Susa wie ein Dienstmädchen an die Hand; er verstand es
auch, sich ohne Aufsehen von unserm Kaffee hin und wieder
ein Täßchen zu brauen, und wir drückten die Augen zu, da
er sonst so brauchbar war.

Am Abend lagen wir wieder zusammen, eine Zeitlang
im herrlichsten Mondschein, und plauderten, erzählten uns
von unserer Heimat und unsern Lieben. Oder wir hörten
zu, welche neuen Schliche und Schwächen der Mönche unser
Selim erlauscht hatte, der als unser Gutsverwalter während
des Tages häufiger und intimer mit ihnen verkehren konnte
als wir. Manchmal hörten wir auch einem Religionsgespräch
zu zwischen Selim, der ein syrischer Christ war, und den
Beduinen. Diese hatten schweren Stand gegenüber dem
zungenfertigen Syrer, der das Arabische als seine Mutter=
sprache ausgezeichnet beherrschte. Ihr Phlegma und ihre
Toleranz ließen sie aber auch da nicht im Stich; sie ließen
Allah für sich selber und seine Ehre sorgen, indem sie häufig
eine offene Frage durch ein Inschallah oder Allah arif
(so Allah will, Allah weiß es) beantworteten. Erregter
wurde unser Beduine, wenn er Spuk= und Teufelsgeschichten
erzählte, an die er unverbrüchlich glaubte. Es zeigte sich
ganz deutlich, wie diese religiöse Unterströmung, wie auch

manchenorts im Abendland, größere Gewalt über diese ein=
fachen Leute besitzt als die höchsten und abstraktesten Gedanken
ihrer Religion.

Wir gingen meist sehr früh zu Bette, nicht ohne manch=
mal den Esel des Priors nachdrücklich zu ermahnen, uns
nicht wieder mitten in der Nacht durch sein unmusikalisches
Geschrei zu stören. Eine angenehmere Störung war es,
wenn mitten in der Nacht die Klosterglocken läuteten mit
wunderbarem, harmonischem Klang. Das Geläute war so
sanft und einschmeichelnd, daß wir in der ersten Zeit wohl
von heimatlichen Glockenklängen zu träumen glaubten, wenn
die nächtliche Vigilie erklang.

Wären wir noch länger im Kloster geblieben, so hätte
sich gewiß unser ärztlicher Ruf über die ganze Halbinsel
verbreitet. Fortwährend nahmen die Beduinen unsere Kunst
in Anspruch; einmal traf ich auf einem Ausgang einen alten
Mann, der zu den Hakims ins Kloster wollte; er war mehrere
Stunden weit hergekommen, offenbar brustkrank. Nachdem
ich unsere Ohnmacht diesem Fall gegenüber erkannt hatte,
eröffnete ich ihm, daß nur Allah ihm helfen könne. Er
ging traurig wieder heim. In andern Fällen aber leistete
uns unsere Arzneikiste vorzügliche Dienste, um Augen= oder
Wundkranke zu behandeln. Die antiseptische Behandlung
hat natürlich den Weg noch nicht in die Wüste gefunden;
Unreinlichkeit war in den meisten Fällen die Quelle der
Verschlimmerung — und so konnten wir unsere Samariter=
kenntnisse oft in hervorragender Weise bethätigen.

Eine angenehme Ueberraschung war es mir, als ich eines Tages unter den Beduinen den alten Musa traf, einen würdigen Beduinen, den ich häufig in Kairo gesehen hatte, wo er jeden Winter Steinbockshörner, Muscheln und Dattel= würste verkaufte. Wir fragten einander mindestens sechsmal: Wie geht es dir? und sechsmal erschallte die Antwort: el hamdu lillah, tajib. (Allah sei Lob, es geht gut.) Es war derselbe Beduine, der meinen Freunden in Kairo bei einer frühern Sinaireise die Besteigung der Berge verwehren wollte mit der unerhörten Behauptung, der Berg gehöre ihm. Als aber einer der Reisenden sein Notizbuch hervorzog und ihn nach seinem Namen fragte, bekam er Angst; denn das Schreiben ist dem Beduinen nicht geheuer. Davon erzählt Burckhardt ergötzliche Dinge, so daß er das Aufschreiben seiner Notizen immer in größter Heimlichkeit betrieb.

Der Djebel Mûsa und der Djebel Katherîn.

Die Tradition der Mönche. — Klostersagen auf dem Wege nach dem Djebel Mûsa. — Die Cypressenebene. — Aussicht vom Djebel Mûsa. — Der Raß eß-Saffaf. — Hypothesen über den Lagerplatz der Israeliten. — Besteigung des Djebel Katherîn. — Sagen am Wege. — Das Wadi Lebja und Dêr el Arbaïn. — Ueberblick über die Halbinsel.

————

Der Djebel Mûsa, der sich dicht hinter dem Kloster erhebt, ist nach der mönchischen Tradition der heilige Berg, der Berg der Gesetzgebung und der Elia=Offenbarung. Diese Tradition verlegt auch alle übrigen bemerkenswerten Orte des Exodus in die nächste Umgebung des Klosters, so daß ein Pilger sie, ohne sich übermäßig anzustrengen, bequem in einem Tage besuchen kann. Gerade hier zeigt sich von vornherein die Unzuverlässigkeit und Willkürlichkeit dieser Ueber= lieferung, die sogar Ereignisse hierher verlegt, die nach dem biblischen Bericht unmöglich hier zu suchen sind. Die Tra= dition ist überhaupt wohl nie rein konservativ, sondern enthält meistens ein schöpferisches Moment, dessen Vorhandensein man im Verkehr mit den Beduinen oft selbst beobachten kann.

Man kann auf fünf Wegen von den verschiedensten Seiten auf den Gipfel des Djebel Mûsa steigen. Mein

stets kletterluftiger Freund Lic. Knopf und ich machten uns
ein Vergnügen daraus, neue Wege zu finden, indem wir
aufs Geratewohl an den zerklüfteten Felsen emporkletterten.
Der gewöhnliche Pilgerweg führt hinter dem Kloster in eine
mit großen Felsen verschüttete Schlucht hinauf, in welcher
sich eine gute, kühle Quelle befindet. Hier soll nach der
arabischen Tradition Mose die Herden seines Schwiegervaters
Jethro, den die Araber Schueib nennen, getränkt haben.
Der Weg ist oft mehr zu erraten als zu erkennen. Da,
wo er steiler zu werden anfängt, sind die rohen Felsstücke
etwas zurechtgeschoben, so daß eine gangbare Treppe ent=
steht, die man aber immerhin nicht gedankenlos hinaufgehen
kann; denn das Auge hat genug zu thun, um zu suchen und
abzumessen, wo der Fuß ohne Schaden zu nehmen hintreten
kann. Weiter oben kommt man an einer Kapelle vorbei,
die der heiligen Jungfrau geweiht ist. Nach klösterlicher
Sage ist hier Maria den Brüdern erschienen, als sie, von
einer Flöhplage heimgesucht, das Kloster verlassen wollten,
dem gleichzeitig wegen mangelnder Zufuhr die Nahrung
ausgegangen war. Als sie dem Befehl der Jungfrau um=
zukehren gehorchten, fanden sie statt der Flöhe hundert mit
Vorräten beladene Kamele vor, und waren für alle Zeit von
der Plage befreit.

Man passiert mehrmals kleine Thorbogen, an denen den
Pilgern die Beichte abgenommen wurde. Bei dieser Ge=
legenheit soll einmal ein Jude entlarvt worden sein, der
frevelhafter Weise den heiligen Berg besteigen wollte.

Etwa halbwegs kommt man auf die sogenannte Cypressen=
ebene, so genannt nach einer großen Cypresse, die sich merk=
würdig von den sie rings umgebenden Felsen abhebt. Unweit
davon liegen die Kapellen, die dem Elia und dem Elisa
geweiht sind. In einer Grotte dieser Kapellen soll Elia
während seines Aufenthaltes auf dem Horeb gewohnt haben. ·
Vor dieser Höhle auf der Cypressenebene sei er vor den
Herrn gerufen worden, der sich ihm in wunderbarer und
herrlicher Weise als der offenbarte, der die Geschichte und
seine Menschenkinder nicht durch plötzliches Dreinschlagen
regiert, sondern durch stilles, stetiges Treiben. Habe die
Tradition Recht oder nicht, indem sie dieses Erlebnis gerade
hierher verlegt — man läßt sich von ihr gefangennehmen,
und die so großartig einfachen Worte der heiligen Schrift
füllen das kleine, stille Thal mit ahnungsvollen Gedanken:
„Und siehe der Herr ging vorüber, und ein großer, starker
Wind, der die Berge zerriß und die Felsen zerbrach, vor
dem Herrn her, aber der Herr war nicht im Winde. Nach
dem Winde aber kam ein Erdbeben, aber der Herr war
nicht im Erdbeben. Und nach dem Erdbeben kam ein Feuer,
aber der Herr war nicht im Feuer. Und nach dem Feuer
kam ein stilles, sanftes Sausen.“

Ja, hier ist eine Stätte, wo nicht, wie sonst ringsum, wilde
Natureindrücke vorwalten; sogar der Blick in die gewaltige
Ferne ist verwehrt; eine Wiege für ein stilles, sanftes Säuseln!

Auch den Arabern ist diese Stätte heilig. Bei ihnen
ist Elia, den sie unter dem Namen Chidr verehren, eine

Die Cypreffenebene.

ähnliche Figur wie Ahasverus in der christlichen Sage; nur
daß dort das ewige Wandern nicht als Strafe gefaßt ist.

Nach etwa drei Viertelstunden erreicht man von dieser
Ebene aus den Gipfel des Djebel Mûsa, der die ansehnliche
Höhe von 2244 Meter besitzt. Er trägt eine kleine Kapelle
und eine winzige Moschee, die beinahe ebenso schlecht unter-

Mündung des Wadi esch-Schech in das Klosterthal.

halten ist wie die im Kloster. Außerhalb der Kapelle befindet sich eine Grotte in dem harten Granit; hier soll sich
Moses hineingeschmiegt haben, als des Herrn Herrlichkeit
an ihm vorüberging, die er nicht von Angesicht zu Angesicht
ertragen konnte. Die arabische Tradition erzählt Aehnliches.
Auch den Arabern ist die Spitze des Berges heilig. Ist

Der Djebel Katherin vom Djebel Mûsa aus gesehen.

ja doch auch für sie Moses ein großer Prophet, dem sie
jetzt noch einmal im Jahre ein Opfer darbringen, bestehend in
einem Schaf oder einer Ziege. Auch Moses Bruder Aaron,
Harun genannt, wird von den Beduinen verehrt. Sie opfern
ihm zu gewissen Zeiten am Hügel Harun im Thale ein
Kamel; es wird weiter unten von einem solchen Opferfest
die Rede sein.

Die Thüre der Moschee auf dem Djebel Mûsa ist ganz
geschwärzt von dem Blute der Tiere, das an die Pfosten
gesprengt wird, ein Brauch, der lebhaft an die israelitische
Sitte des Blutstreichens an Thürpfosten und Altarhörner
erinnert.

Die Aussicht ist erhaben und einzigartig, besonders nach
Süden, wo der Djebel Katherin sich mit seiner ganzen zer=
klüfteten Breitseite dem Beschauer entgegenstellt, wie nach
Norden, wo der gewaltige Absturz in das Wadi Sebaijeh
übergeht, das durch den Djebel es=Salib und den Djebel
Munedjah vom Klosterthal getrennt ist.

Diejenigen, die im Djebel Mûsa den heiligen Berg der
Gesetzgebung sehen, denken sich das Lager der Israeliten im
Wadi Sebaijeh aufgeschlagen, von wo aus der Berg infolge
des ungeheuren Absturzes den imposantesten Eindruck macht.
Dies ist auch der einzige Punkt rings umher im Thale, von
wo aus man den Gipfel des Berges sehen kann, der einzige
Ort, wo man auch unmittelbar an den Berg herantreten kann.

Im übrigen fand ich die Sebaijeh weder so klein noch
so sehr mit Steinen übersäet, daß dadurch einem nicht allzu

großen Heere das Lagern verwehrt würde. Von den ſonſtigen
Schwierigkeiten, die dieſe Anſchauung in ſich birgt, wird weiter
unten noch zu reden ſein.

Wenn man aber dieſen heiligen Berg betritt, ſo iſt dem
Pilger weder die Ausſicht, noch die Gebäulichkeiten, noch die
Legende die Hauptſache. Man begehrt vielmehr hier in

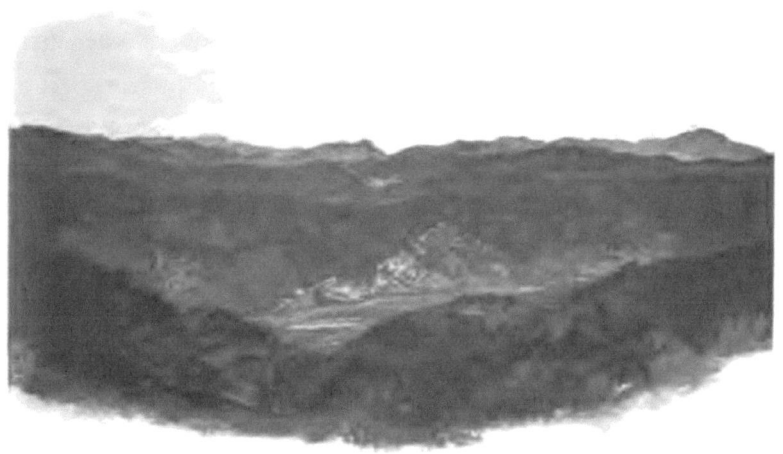

Ausficht vom Djebel Mûſa.

allerintenſivſter Weiſe nachzuerleben, was die heilige Geſchichte
von dem großen Gottesmanne erzählt.

Ich blieb deshalb bei einer wiederholten Beſteigung allein
auf dem Gipfel zurück, während eben die Sonne fern über
dem Meerbuſen von Suez unterging in unvergeßlicher Pracht
und gleichzeitig der Mond über dem kleinen Meeresſtreifen
von Akaba heraufkam. Nur oben auf der Höhe war es

noch licht; in den Thälern und Schluchten lag bald schwarze,
schweigende Nacht. In solche Nacht hinab verſank in dieſem
Augenblicke alles, was an Theorien, Hypotheſen und kritiſchen
Fragen in mir lebte. Man vergißt, daß man ſich ſtreitet
über Moſe und Israel, über Offenbarung und Geſetzgebung,
über die Lage des echten Sinai. Man will es, ohne ſich
um Geſchichte, Ort und Zeit zu kümmern, irgendwo erleben,
was den rein religiöſen und ſeeliſchen Gehalt jener Er-
zählungen von Moſe, dem Manne Gottes, ausmacht, der mit
Jahve ſprach wie mit einem Freunde. Allein auf dem Berge
Gottes — wie ſchauerlich, unnahbar heilig wäre das einem
alten Israeliten erſchienen! Wie bange und furchtſam hätte
er ſich auf Jahves Wohnſitz gefühlt! Und wie frei war mir
zu Mute in jener unvergeßlichen Nachteinſamkeit! Frei von
aller Theologie, frei von aller Furcht, frei auch von dem
Gefühl ſo vieler Pilger, daß das Hierſein etwas Verdienſt-
liches ſei, durchſchauert von dem Höchſten, das eines Menſchen
Seele erfüllen kann — eine erhabene Stunde! Welch ge-
waltiges Stück Religionsgeſchichte iſt vergangen, bis die
Menſchheit von der Furcht vor der Gottheit als einer un-
heimlichen Gewalt ſich zu der innern Freiheit in ihr und
durch ſie durchgerungen hat.

Kein Laut, kein fernher tönendes Schwirren menſchlicher
Arbeit, kein Rauſchen von Schwingen heimkehrender Vögel
ſtört den Frieden und die Größe dieſer unausſprechlichen
Einſamkeit. Es kommt mir vor, als ob ich allein auf der
großen, weiten Welt ſei, alle Menſchen längſt begraben oder

noch ungeboren! Mit niemand kann man reden; auch die
Natur verhüllt sich immer mehr in Dunkel — mit Ihm allein!

Das Höchste kann man immer nicht sagen, und man
empfindet in solchen Augenblicken, daß Reden von der Zeit
Schweigen von der Ewigkeit ist.

Blick vom Djebel Mûfa.

Von der Cypressenebene aus auf halber Höhe verlängert
sich der Gebirgszug, dessen höchste Erhebung der Djebel Mûfa
ist, nach Westen. Am Ende dieses zerklüfteten Granitrückens
erhebt sich die gewaltige Felskuppe des Ras es-Saffaf, der
jäh in die große Ebene er-Raha abfällt. Obschon der Ras
es-Saffaf lange nicht so hoch ist wie der Djebel Mûfa,

Râs es-Safsaf.

so macht er doch namentlich von der Ebene er-Raha aus
einen ganz gewaltigen Eindruck. Denn unverdeckt von vor-
gelagerten Hügelzügen steigt er ganz unvermittelt und senkrecht aus der Ebene auf und beherrscht deshalb die unmittel-
bare Umgebung viel mehr als der Djebel Músa.

Daher kam die englische Sinai-Survey-Expedition dazu,
in diesem Berge den Sinai der Gesetzgebung zu erblicken.
Die Lagerverhältnisse wären hier allerdings viel günstiger;
denn auf der Ebene Raha könnte auch das größte Heer der
Welt Platz finden. Wasser findet sich reichlich in den umgebenden Thälern; die Spitze des Berges ist von allen Teilen
der Ebene aus sichtbar, und der Berg steigt so unvermittelt
aus der Ebene empor, daß sein Fuß ohne Schwierigkeit zu
berühren ist und deshalb auch leicht umzäunt werden könnte.
Ein erhabenerer Thron, ein gewaltigerer Lagerplatz für eine
imposante Proklamation läßt sich jedenfalls nicht leicht denken.
Und wenn eine Gewitterwolke das Haupt des Berges ein-
hüllt und Blitze ihn umleuchten, währenddem der Donner
wie eine gewaltige Stimme spricht, so muß das ein Ereignis
sein, das nicht nur furchtsame Herzen erschauern läßt.

*   *   *

Viel schwieriger als die Besteigung des Djebel Músa ist
die des Djebel Katherin, des höchsten Berges der Sinaihalbinsel. An einem Sonntagsmorgen brachen wir frühe
auf, ohne Führer; denn Lic. Knopf kannte den Weg bereits.
Dieser führt um den Ras es-Saffaf herum, am Rande

der großen Ebene entlang, um dann in das Wadi Ledja
wieder in öſtlicher Richtung umzubiegen.

Eine Fülle von Sagen und Legenden iſt auf dieſem
Wege zerſtreut. Die chriſtliche und die muslimiſche Tradition
weben ein merkwürdiges Gewebe von vielleicht wirklich ur-
alten Sagen, tendenziöſen Legenden, lächerlichen Fabeleien
und direkten Unmöglichkeiten zuſammen, die nach ihrem Ur-
ſprung und hiſtoriſchen Werte ſchwer zu beurteilen ſind.
Man weiß, daß die mönchiſche Tradition unmöglich bis in
die Zeit der israelitiſchen Ereigniſſe zurückreichen kann; man
findet ferner, daß die arabiſche vielfach ſich die Mönchs-
geſchichten angeeignet hat, und daß der Reſt eigener Ueberlieferung mutmaßlich nur bei einem Stamme der Sinaibeduinen ſehr alt iſt, die vor der islamitiſchen Einwanderung
auf der Halbinſel wohnten. Man ſcheut ſich daher nicht,
ſich über ſolche Traditionen von zweifelhaftem Werte hinweg-
zuſetzen und ſich ſeine eigene zu ſchaffen.

Eine beſondere Vorliebe zeigt die gemeinſame Ueberlieferung für Fußſtapfen und Eindrücke heiliger Perſonen.
Moſe, Elia, die heilige Katharina, Mohammed, ja ſogar ſein
Kamel haben da und dort ihre Fußſpuren in den harten Granit
gedrückt zu ewiger Verwunderung ihrer gläubigen Verehrer.

Am Ausgang des Kloſterthales liegt der Hügel Harun,
auf welchem Aaron das goldene Kalb errichtet haben ſoll.
Der kleine natürliche Hügel liegt allerdings ſo unmotiviert
und iſoliert in der Thalesöffnung, daß er wohl Anlaß geben
konnte zur Vorſtellung eines großen Altars.

Wadi Ledja.

Am Ras es-Saffaf, wo eine kleine Schlucht sich in die Felsen hineinzieht, soll die Rotte Korah verschlungen worden sein.

Unweit davon wird ein Loch im Felsen für die Gußform des goldenen Kalbes ausgegeben.

Im Wadi Ledja wird der Stein gezeigt, aus dem Mose Wasser hervorgerufen haben soll. Nach einer Ueberlieferung, die an eine Stelle im Korintherbrief anknüpft, hat dieser Fels die Juden auf ihrem Zuge begleitet und ist dann wieder hierher zurückgekehrt. In der Wüste ist es der unbeschäftigten Phantasie gar nicht anders möglich, als sich lebhaft mit merkwürdig geformten Steinen, schattengebenden Bäumen und kühlen Quellen zu beschäftigen und sie mit ihren luftigen Gebilden zu umspinnen. Man begreift in der Wüste gut, wie gerade diese Dinge für die Religionsgeschichte von höchster Bedeutung und für das Altertum und die Beduinen jetzt noch Träger heiliger Ueberlieferungen und natürliche Grund= elemente des Kultus geworden sind.

Lebendige Zeugen früherer Zeiten sind die verschiedenen Klostergärten an dem Wege nach dem Wadi Ledja; ihr Lebens= trieb läßt sich trotz aller Verwahrlosung nicht ganz unterdrücken.

Auf demselben Wege finden sich die dem heiligen Kosmas und Damianus geweihten Eremitenwohnungen, eine Kapelle der zwölf Apostel und eine alte Klosterruine. Darüber erhebt sich der Djebel er=Rabbeh, der nach Palmers Ansicht identisch ist mit dem Orte Gethrabbi in der Erzählung des Nilus. Diese Verstümmelung erklärt sich ohne weiteres, während Ebers' Kombinationen, der Gethrabbi mit Der Sigillîye am Serbâl identifizieren will, höchst gezwungen erscheinen.

Eine noch ziemlich gut erhaltene klösterliche Niederlassung

im obern Teile des Wadi Lebja ist Dêr el Arbain, das Kloster
der vierzig Märtyrer. Man weiß nicht genau, welche vierzig
Märtyrer gemeint sind; doch mag uns die Erzählung des
Nilus, der im Sinaigebiet hauste, ein anschauliches Bild eines
Ueberfalles der Eremiten durch die Sarazenen geben, wobei

Wadi Lebja und Dêr el Arbain.

eine größere Zahl von Mönchen getötet wurde. Nilus erzählt
nämlich von mehreren Ueberfällen, denen die Eremiten am
Sinai ausgesetzt waren. Einen derselben hat er selbst erlebt.
In anschaulicher Weise berichtet er, wie die Unholde die heiligen
Männer überfielen, die ohne Schutz in einsamen Thälern und
Schluchten hausten. Vergeblich suchten sie Schätze in ihren

elenden Behauſungen. Aus Rache vernichteten ſie ſogar die
Beeren, die die Brüder für ihren kärglichen Lebensunterhalt
geſammelt hatten. Nachdem die Sarazenen die Brüder in einer
Reihe aufgeſtellt und grauſame Scherze mit ihnen getrieben,
auch einige getötet hatten, ließen ſie die einen auf die Berge
entfliehen, während ſie den Reſt als Gefangene mit ſich führten.
Darunter befand ſich auch der Sohn des Nilus. Es iſt
rührend zu leſen, wie der Sohn dem Vater winkt, zu fliehen,
wie dieſer kämpft zwiſchen der Liebe zum eigenen Leben und
dem nutzloſen Begehren, ſeinem Sohne zu folgen, wie ihn
ſchließlich die Füße faſt wider Willen den Berg hinauf tragen.

Der Ort dieſes Ereigniſſes kann uns wichtige Fingerzeige
geben in der Frage nach der Lage des Sinai nach der An=
ſchauung der früheſten chriſtlichen Bewohner der Halbinſel.

In dieſer Kloſterniederlaſſung befindet ſich eine alte
Eremitenwohnung des heiligen Onophrius, die gerade klein
und unbequem genug war, um einem rechten Asketen eben
willkommen zu ſein.

Von Der el Arbaïn aus geht es ſteil bergan in einer
engen Schlucht, in der einige wilde Feigenbäume wachſen.
Weiter oben findet ſich, in halber Höhe an einer Felswand,
eine herrliche Quelle mit kühlem, klarem Waſſer. Die Stelle
iſt ſo abgelegen, ſo mühſam zu erreichen, ſo ohne verräteriſche
Anzeichen des verborgenen Schatzes, daß die Sage wohl be=
greiflich wird, die die Entdeckung dieſer Quelle einem Wunder
zuſchreibt, wobei nach arabiſcher Ergänzung Rebhühner mit=
geholfen haben ſollen.

Nachdem wir unsere Feldflaschen gefüllt hatten, ging es weiter über eine fast unendliche Geröllhalde, an welcher man jeden Schritt vorwärts mühsam erkämpfen mußte. Kleine Steinhäufchen, von den Pilgern zusammengetragen, geben die ungefähre Richt= ung an. Das Gestein ist scharf wie Mes= serklingen und zer= schneidet das Schuh= werk in kurzer Zeit. Von der Klippe, die diese Halde überragt, steigt der eigentliche Gipfel steil hinan. Die Spitze ist eine Pyramide von un= geheuren, wild durch= einander geworfenen Granitfelsen, die sehr mühsam zu erklim= men sind, wenn eine

Felskluft am Djebel Katherin.

unbarmherzige Augustsonne auf den bereits ermüdeten Kletterer herabbrennt. Wie froh wären wir gewesen über den Schnee, auf dem Palmer bei einer winterlichen Besteigung ein kühles Schläfchen thun konnte!

Ein winziges Kapellchen, der heiligen Katharina geweiht, schmiegt sich an einen der gewaltigen Felsen der Kuppe.

Die Aussicht ist von einer nie geahnten Großartigkeit. Sie gibt uns Gelegenheit zu einem geographischen Ueberblick über die Halbinsel. Rings um uns her strebt es herauf in wilden und gewaltigen Zacken und Felshäuptern. Nach Süden hin steht der Umm Schömar wie eine versteinerte Eruption; weiter nach Süden soll sogar Ras Mohammed,

Die Kapelle der heiligen Katharina auf dem Gipfel des Djebel Katherin.

der südlichste Felsvorsprung der Halbinsel, zu erblicken sein. Nach Westen zu sehen wir die Serbâlkette und den spitzen Djebel el Benât. Nach Nordosten liegt unter uns der Djebel Mûsa, auch von oben herab gesehen ein majestätischer Berg. Nach Osten hin blinkt in der Ferne der Meerbusen von Akaba. Viel deutlicher und näher ist nach Westen der Meer=

busen von Suez zu sehen, ein herrlicher blauer Streifen in=
mitten des gelbbraunen Wüstenmeeres ringsum.

Wer aber nennt uns all die vielen namenlosen Berge
und Zacken, Thäler und Schluchten, auf die wir hinabsehen!

Der Djebel Mûsa von Süden.

Nach Norden hin flacht sich die Halbinsel allmälig ab; dort
beginnt die „große und schreckliche Wüste“ et=Tih.

Wenn wir etwa im schweizerischen Hochgebirge eine Fern=
sicht auf uns wirken lassen, so trägt zu ihrer Herrlichkeit

nicht zum mindesten bei die Abstufung der verschiedenen
Höhenzonen: ewiger Schnee, nackter Fels, grüne Matten,
tosende Bäche und in der fernen Tiefe fruchtbare Auen.
Hier aber nichts von alledem. Hier wächst aus der untersten
Tiefe der nackte Fels herauf, und welch ein Gestein! Dieses
Gebiet weiß nichts von Diluvium und Alluvium, von Stein=

Djebel Mûsa vom Djebel Katherin aus gesehen.

kohlenzeit, Silur und Devon; es ist alles Urgestein, Granit,
Porphyr, Gneis, das von keinen An= und Ablagerungen
verdeckt wurde. In den Thälern und Schluchten mildert
kein Grün die großartige Monotonie, wenigstens nicht im
Sommer. Eine einzige Farbe scheint auf der Landschaft zu
liegen; aber wenn man sie definieren will, löst sie sich auf

in hundert Nuancen gelber, brauner, rötlicher Töne, zu denen der blaue Meeresstreifen einen um so schärfern Kontrast bildet. So weit das Auge reicht: ein erstarrtes Wellenmeer von Granit= und Porphyrzügen, zwischen denen sich leere braune Thäler dehnen. Der Gedanke ist unheimlich, sich da unten ein ganzes Volk auf der Wanderschaft denken zu müssen, Männer und Frauen und zarte Kindlein — und doch denkt man immer an sie und füllt die öden Thäler mit ihren Zelten und Herden, mit ihren Klagen und ihren Versuchungen, aber auch mit ihren herrlichen Erfahrungen starker Gotteshülfe.

In einem einzigen Thale unter uns konnten wir nach langem Suchen etwas Grünes entdecken, jedenfalls einige kleine Beduinengärten; aber es war, als ob sie sich furchtsam verbergen wollten vor der unbarmherzigen Sonne, die in den semitischen Sprachen nicht umsonst männlichen Geschlechts ist — ein orientalischer Despot von absoluter Herrschermacht.

Auf einem der benachbarten Gipfel steht ein halbfertiges Haus, das die grandiose Monotonie und großartige Furcht= barkeit der Landschaft recht stört. Es ist von dem Khediven Abbas Pascha erbaut worden, der hier oben in reiner Wüsten= luft Genesung suchte. Sein Aufenthalt in dieser Gegend ist mehr dieser und den Beduinen zu gute gekommen als ihm selbst. Er ließ auch eine Straße bis auf halbe Höhe des Djebel Musa bauen.

Nachdem wir endlich jede Schlucht ausgespäht und jeden Berg mit den Augen gemessen hatten, begann allmälig diese große Einsamkeit und furchtbare Oede unsere Seele mit

Melancholie zu füllen. Das ſind keine Berge, von denen
man ins Thal hinabjauchzt; wem ſollte man zujauchzen?

Die Sonne, dieſe glühende, unerbittliche Sonne, trieb
uns endlich zum Abſtieg, gleich als ob ſie ſagen wollte:

Das iſt nichts für
euch, das Hinab=
ſchauen in dieſe Fels-
geheimniſſe, die ihr
doch nimmer leſen
werdet mit euren
menſchlichen Augen.

Der Abſtieg war
faſt noch ermüdender
als der Aufſtieg. Es
war ein fortwähren-
des Zielen mit den
Füßen, um von Fels
zu Fels zu ſpringen,
der oft mit der gan-
zen Laſt hinunter-
rutſchte. Wir ſchäm-
ten uns des Knaben-

Ausblick bei der Beſteigung des
Djebel Katherin.

vergnügens nicht, da wo es anging ſolche Blöcke ins Rollen
zu bringen und in die Schluchten hinunterdonnern zu laſſen
— wußten wir doch, daß unten keine Appenzeller oder Berner
Bauern ſtanden, die ihren reichen Wortſchatz an wohl=
gezimmerten Flüchen an die Böſewichte verſchwendeten.

Unser Schuhwerk war ganz ruiniert; meine starken ge=
nagelten Schuhe waren wie mit Messern zerschnitten. Mein
Freund, dessen Schuhe schon längst zu Grunde gegangen
waren, hatte den Weg in Sandalen gemacht, die zwar
widerstandsfähiger sind, dafür aber den Fuß weniger schützen.
Als wir wieder an unserer Gartenmauer angelangt waren,
kam es uns fast beschwerlicher vor, über die Mauer zu
klettern, als vorher den Berg zu ersteigen. Unser Schlaf in
der darauf folgenden Nacht war so tief, daß wir nicht einmal
durch das Geschrei des Klosteresels geweckt wurden.

Vom Kloster nach dem Wadi Firân und dem Serbâl.

Die Abreise vom Kloster. — Die Ebene er-Raha. — Ueber den Paß Rakb el-Hawa. — Einiges über die Towarabeduinen. — Aehnlichkeit ihrer Sitten mit altisraelitischen. — Die Oase Firân. — Lagerplatz im Wadi Alejât. — Besteigung des Serbâl durch das Wadi Alejât. — Das frühere Einsiedlerleben um die Stadt Pharan. — Nilus.

Als unsere Arbeit im Kloster beendigt war, ließen wir das Zelt abbrechen. Zum letzten Mal gingen wir ins Kloster, um uns von dem Bibliothekar noch einmal durch das ganze Klostergebiet geleiten zu lassen, durch die Kirche zur Priors=wohnung, an den Mönchswohnungen und der Schnaps=brennerei vorbei an den Brunnen, wo Mose Jethros Schafe getränkt hat und wo uns unser freundlicher Führer einige Blättchen eines Strauches zum Andenken mitgab; endlich auf die Terrasse.

Dann sagten wir dem Prior und dem Bibliothekar Lebewohl und versüßten gleichzeitig dem Oekonomen den Schmerz der Trennung durch ein beträchtliches Geldgeschenk.

Kurz vorher hatten die Beduinen das prachtvolle Fell eines frisch getöteten Leoparden gebracht, der sich an die jungen Kamele gemacht hatte; gerne hätten wir das schöne Fell gekauft; aber die Mönche reklamierten es für sich selbst.

Lic. Knopf und ich ritten voraus, da wir am nächsten
Tage den Serbâl besteigen wollten. Glaue blieb mit Selim
Sufa zurück, um die Abreise zu bewerkstelligen. Das war
allerdings ein hartes Stück Arbeit; denn der Schech, der
die Kamele stellen sollte, wollte durchaus seinen Bakschisch
von zwei Pfund am Anfang der Reise statt am Ende haben,
wodurch wir seiner Willkür und Nachlässigkeit vollständig
ausgeliefert gewesen wären. Glaue aber blieb standhaft.
Glücklicherweise war gerade an jenem Tage der Gouverneur
der Halbinsel in das Kloster gekommen und machte nun von
seiner Würde Gebrauch, indem er den Schech Sohn eines
Hundes schimpfte und ihm drohte, ihn fesseln zu lassen, wenn
er sich nicht anständig benähme. Das half; aber der auf=
geregte Bursche hatte nun Glaues Gunst verscherzt; dieser
nahm einen andern Schech, der nun wohl zeitlebens die
Feindschaft des erstern zu spüren haben wird.

Der Morgen war wunderbar frisch und leuchtend, recht
dazu angethan, uns das Scheiden schwer zu machen. Wir
ritten zuerst über die große Ebene er=Raha, in die von
allen Seiten Thäler einmünden.

Auf der Höhe des Passes Nakb el=Hawa hielten wir
an, um noch einmal zurückzuschauen. Wie ein Thron erhebt
sich der Ras es=Saffaf über der majestätischen Ebene. Das
Kloster liegt weltvergessen in seinem Thälchen; der Djebel
Katherin schaut über alles hinweg — ein Gesamtbild, das
wir noch einmal mit aller Kraft in die Seele aufnehmen
wollten, weil wir mußten, wir würden es nimmer wiedersehen.

Dann stiegen wir ab und gingen zu Fuß über den Paß, der für Kamele ziemlich beschwerlich ist und keinesfalls von einer großen Karawane begangen werden könnte. Er führt in das einförmige Wadi Selâf, das dann in das große und gewundene Wadi esch-Schêch einmündet, durch welches eine größere Karawane den Weg zum Sinai nehmen müßte.

Die Landschaft bietet nichts Bemerkenswertes, und wir hatten daher um so mehr Gelegenheit, unsere Aufmerksamkeit den Beduinen zuzuwenden, über die hier einige Bemerkungen folgen sollen.

Die Towara, wie die Beduinen des Berges Tor, d. i. Sinai, heißen, unterscheiden sich äußerlich ziemlich scharf von andern Beduinenstämmen. Wer in Syrien Beduinen gesehen hat, wie sie auf feurigen Rossen mit hochgeschwungener Lanze einhergaloppieren, der wagt kaum ohne weiteres neben sie die Sinaibeduinen zu stellen, die weder Lanzen noch Pferde besitzen und einen viel bescheidenern Eindruck machen als die stolzen Wüstensöhne z. B. des Hauran, die vom Fette eines reichen Landes zehren. Andrerseits aber, wenn man sie mit den Stämmen vergleicht, die zwischen dem Nilthal und dem Roten Meere hausen und denen man nicht gerne allein und unbewaffnet in der Wüste begegnet, so fällt uns das friedfertige und ehrliche Wesen des Towara sofort ins Auge. Die Abgeschlossenheit, in welcher sie sich wegen der Lage der Halbinsel befinden, hat sicherlich auf diese Stämme ihren bestimmenden Einfluß ausgeübt, der nicht nur im Aeußerlichen, sondern auch teilweise in Sitten und Gebräuchen zu Tage tritt.

Die Halbinsel ist natürlich seit den Tagen Amaleks, Midians und der Kinder Israel immer mit nomadischen Stämmen bevölkert gewesen. Eine so schöne Oase wie Firân hatte immer ihre Liebhaber. Es ist jedoch ziemlich sicher anzunehmen, daß die jetzigen Beduinenstämme mit Ausnahme der Djebelije erst zur Zeit der Ausbreitung des Islams herüberkamen. Die Hauptstämme sind die Ararische, Mezene, Sibjan ed Dér, Sawaliha, Aulad Said und die Alekat. Ich hatte den Hinweg mit Beduinen des Stammes Aulad Said gemacht und oft nach der Rast von meinem Schech den drängenden Ruf gehört: qumu ja aulâd Said! Auf, ihr Kinder Saids! Außer diesen eng zusammengehörigen Stämmen gibt es noch den Stamm der Djebelije, Bergbewohner. Sie sind Hörige des Klosters und von den andern Stämmen gering geachtet. Einige Gelehrte glauben, sie von einer Anzahl wallachischer Sklaven ableiten zu dürfen, die Justinian zum Schutz des Klosters hierher verpflanzte. Da innerhalb des Stammes jegliche derartige Tradition fehlt, ist es unmöglich, diese Annahme zu erhärten; auffällig ist nur eine etwas andere Gesichtsbildung der Djebelije im Vergleich zu den andern Stämmen. Im übrigen besitzen sie durchaus dieselben Sitten und Anschauungen wie die andern Stämme.

Alle Beduinen sind Muslimen; aber obschon sie die ersten und feurigsten Anhänger des Islam waren, sind sie nicht mehr die frömmsten Muslimen. Während unserer ganzen Reise sah ich nur einen einzigen regelmäßig sein Gebet verrichten, das z. B. in Aegypten von den frommen Muslimen

so genau genommen wird. Jeden Morgen lief er uns ein
Stück voraus, um, bis ihn unsere Karawane einholte, geschwind
zu beten. Einen Gebetsteppich besaß er nicht; an Stelle
des Wassers mußte er sich des Sandes bedienen zu seinen
Waschungen, wie es der Prophet für die Wüste gestattet
hatte. Zuerst, das Angesicht nach Mekka gerichtet, hielt er
die Hände an die Ohrläppchen und sprach allahu akbar,
Gott ist der Höchste; dann beugte er seinen Oberkörper bis
zur Erde und betete still vor sich hinmurmelnd die Fatiha, die
„eröffnende", erste Sure des Korans. Mehrere Male stand
er auf während des Gebets, um sich wieder auf die Erde
zu werfen; aber man konnte sehen, daß er es eilig hatte,
um nicht allzusehr hinter der Karawane zurückzubleiben.

Die Urteile der Reisenden über die Religiosität der
Beduinen sind sehr verschieden. Während die einen —
darunter der berühmte Schech Ibrahim, Burckhard, der wie
kein anderer das Leben der Beduinen kannte — sie sehr
niedrig einschätzen, reden andere, wie Palmer, von der tiefen
und aufrichtigen Frömmigkeit ihrer muslimischen Begleiter.
Auf den ersten Blick mag eher das erstere richtig erscheinen.
Doch ist nicht zu vergessen, daß die Religiosität der Völker
auf ganz verschiedene Weise zum Ausdruck kommt, bei den
einen in einem ausgebildeten Kultus, bei andern in einem
Wertlegen auf moralisches Thun, wieder bei andern in einem
Ueberwiegen des mystischen Elementes der Religion. Trotz=
dem keines dieser Momente bei den Beduinen stark aus=
geprägt ist, ist doch ihre Religion unlösbar mit ihrem

innersten Leben und Denken verbunden. Religion ist für
sie nicht ein Gebiet für sich, sondern sie ragt in alle andern
hinein und durchdringt sie. Als Grundzug ihrer Frömmigkeit tritt auch bei den Beduinen die dem Islam eigene
Ergebung in Gottes Willen hervor. Gegen Allahs Willen
und Macht kann man nichts machen; darum ist es das
beste, sich darunter zu beugen. Diese Ergebung wird ihm
gleichzeitig durch das Vertrauen auf Allahs Güte erleichtert.
Doch geht aus dieser Gemütsverfassung bei den Beduinen
nicht eine so absolute Apathie gegen alles Geschehen hervor
wie bei den Türken. Sie verspotten diese sogar in einem
drastischen, von Burckhardt mitgeteilten Sprichwort: „Er
entblößte seinen Rücken für die Stiche der Moskitos und
rief dann aus: Es ist Gottes Wille gewesen, daß ich sollte
gestochen werden.“

Allah ist ihnen auch die letzte Erklärungsursache, der letzte
Grund für alles, was man nicht weiß. Jedes Kausalitäts-
bedürfnis wird durch den Hinweis auf Allah befriedigt. Es
gibt nichts, was nicht von Allah käme. Wenn es heiß ist,
wenn es kalt ist, Allah ist schuld; wenn ein Unfall sich er-
eignet, weil der Beduine faul oder unvorsichtig gewesen ist
— Allah hat es gethan.

Neben diesem Monotheismus, der in seiner Naivität
und Einfachheit großartig ist, spielen aber doch abergläubische
Vorstellungen eine große Rolle und trüben den wahrhaft
kindlichen Glauben an Allahs Macht und Einzigkeit. Auch
muß es sich Allah gefallen lassen, an heiligen Orten oder

Gräbern seine Macht mit der des Lokalheiligen zu teilen. Diese sind besonders für den Kultus bedeutsam. Mose, Aaron, dem Propheten Saleh, von dem niemand genaueres auszusagen weiß, werden an bestimmten Orten Opfer dargebracht.

Ich wohnte einmal einem solchen Opferfeste am Aaronshügel in der Nähe des Klosters bei. Große Zelte waren aufgeschlagen, in denen Weiber und Kinder sich zur Bereitung des Opfermahles rüsteten. Die Mehrzahl der Männer hatte sich vorher am Kloster versammelt, wo ihnen steinharte Stücke eines grauen Brotes hinuntergeworfen wurden. Dann wurde ein Kamel, mit einem bunten Tuche behängt, mehrmals um den Aaronshügel herumgeführt, worauf es im Angesicht des Hügels zum Niederknieen gezwungen wurde. Mit aufgehobenen Händen beteten die Beduinen, die um das zitternde Kamel herumstanden, ein Gebet, in dem ich die Fatiha zu erkennen glaubte. Nach dem Gebete wurde der Hals des Kamels zurückgebogen, ein Beduine mit scharf geschliffenem Schwerte trat hinzu und durchschnitt mit einem Streiche die Halsadern des Kamels, so daß das Blut in starkem Strahle herausfuhr und den Steinhaufen bespritzte, vor dem das Kamel kniete. Ich wußte nicht, ob dieser Steinhaufen zufällig da lag oder die Stelle eines Altars vertreten sollte, der zwar bei den Arabern nie die Bedeutung hatte wie bei den Israeliten.

Als das Tier verröchelt hatte und alles Blut ausgeflossen war, wurde das Kamel in einzelne Stücke zerschnitten,

die dann von den Beduinen nach den Zelten getragen wurden,
um dort zubereitet zu werden. Während der feierlichen
Schlachtung standen die Weiber vor den Zelten in freudiger
Aufregung. Manche von ihnen stießen ab und zu einen
gellenden Ruf aus, der sich wie ein langer, schriller Triller

Beduinenlager.

aus der Kehle, ulululu . . . anhörte und an das hebräische
Hillel erinnerte, woraus Halleluja geworden ist.

Während der Zubereitung des Mahles wurde ein Wett=
rennen veranstaltet. Es war ein prächtiger Anblick, die
Beduinen auf ihren schönen Reitkamelen vorbeigaloppieren

zu sehen. Ihre Einladung zum Mahle konnte ich aus
Mangel an Zeit nicht annehmen. Dagegen wurde ich nun
um einen Bakschisch bestürmt wegen der Photographie, die
ich vom Zeltlager aufgenommen hatte. Ich machte aber
dem großen, gebräunten Beduinen begreiflich, daß es einem
so großen Schech wie ihm schlecht anstehe zu betteln. Da
ließ er geschmeichelt von mir ab und konstatierte, daß ich
ein chawadja schâtir, ein kluger Herr, sei.

Dafür aber drängten sich sofort die braunen Buben an
mich heran und verfolgten denselben Zweck durch schmeichelndes
Zureden. Es machte mir Vergnügen, in die rabenschwarze
Nacht dieser schönen, funkelnden Augen zu blicken und die
kleinen, halbnackten Schlingel ein wenig zu katechisieren. Als
mich einer von ihnen zu größerer Willigkeit stimmen wollte
durch den Hinweis auf Allah, und ich ihn fragte, wo denn
Allah sei, antwortete mir der junge Skeptiker unverfroren:
mumkin foq! vielleicht da oben. Erst als ich der Bande
bei dem Leben meines Vaters schwor, sie würden nichts be=
kommen, ließen sie mich in Ruhe.

Die Beduinen sind sehr tolerant. Wenigstens vergönnen
sie uns den Genuß des Paradieses nicht; denn als ich meinen
Schech einst von dem Paradiese erzählen ließ, wohin er zu
kommen hoffte, und ich ihn fragte, ob wir Christen denn
da nicht hinein dürften, um an allen diesen Herrlichkeiten
teil zu haben, tröstete er mich mit dem Hinweise, daß es
vielleicht für uns ein anderes Paradies gebe. Im übrigen
sind sie Realisten und beschäftigen sich wenig mit der Zukunft

ober gar abstrakten Fragen. Von Geschichte haben sie natür=
lich keine Ahnung; sie besitzen selbst gar keine oder nur
Bruchstücke in Form von einzelnen Traditionen, die oft
wunderlich mit einander verbunden werden. Ueber das
Kloster z. B., das doch vielleicht für sie ein gewisser
Krystallisationspunkt für geschichtliche Erinnerungen hätte
werden können, wissen sie nichts zu erzählen als eine Ge=
schichte von seiner wunderbaren Gründung und Fabeleien,
die mit ihrem Aberglauben zusammenhängen.

Sie betrachten sich als die Ghufara, die Beschützer des
Klosters, denen gewisse Rechte zustehen. Diese, dem Kloster
oft sehr lästig, sind in alten, merkwürdigen Vertragsbeding=
ungen zugestanden, die bis ins kleinste Detail gehen. Obschon
diese Verträge meines Wissens nirgends schriftlich fixiert
sind, werden sie doch aufs genaueste von einer Generation
der andern überliefert. Es ließe sich an diese Thatsache die
Beobachtung knüpfen, daß Gesetze, so lange sie noch irgend
welche praktische Beziehungen haben, von der Tradition ge=
treuer und sorgfältiger überliefert werden als geschichtliche
Ereignisse.

Die Beduinen des Sinai sind nicht Nomaden im strengen
Sinn, sondern alle haben ihre festen Wohnsitze in den ein=
zelnen Thälern. Dort sind die Zelte aufgeschlagen, die,
hundertfach geflickt, die Familie des Beduinen beherbergen.
Frauen und Kinder, wenigstens Mädchen, besorgen den Haus=
halt und die Herde; der Mann streift mit seinem Kamele
in der Wüste umher, um Reisende zu geleiten und Handels=

artikel nach Aegypten zu bringen, oder aber er liegt in seinem
Zelte auf der faulen Haut, trinkt Kaffee, raucht seine Pfeife,
bewirtet Gäste und gibt sich ganz seinem Kêf hin, während die
Frau die schweren Hausgeschäfte besorgt, Wasser holt, Getreide
mahlt, das Essen bereitet oder eine neue Zeltdecke webt.

Im Wadi Firân traf ich nachher einmal ein solches
webendes Beduinenweib, das aus Kamels= und Ziegenhaaren
ein großes Gewebe zusammenwebte.   Der Webstuhl war
der einfachste von der Welt; an zwei Holzstücken waren die
straff gespannten Zettelfäden befestigt; den Einschlag machte
das Weib ohne Schiffchen mit den Fingern — eine Arbeit,
die zu den ältesten des Menschengeschlechtes gehört. Ein=
facher kann man sich das Weben auch der ersten Erfinder
nicht vorstellen.   Wie würde das Weib staunen, wenn es
einmal einen modernen Webstuhl sähe, an dem unheimliche
eiserne Finger mit koboldartiger Geschwindigkeit das feinste
Gewebe zu stande bringen! Lange stand ich unter dem Sejal=
baume und schaute zu — aber der Mann, der endlich herbei=
kam, sah es nicht gerne; denn in der Wüste, wo man die
Frauen nicht in einen Harîm einschließen kann, ist die wach=
same Sitte noch strenger und ängstlicher.

Es gilt schon als unanständig, sich nur nach der Frau
eines andern zu erkundigen; über das Familienleben kann
man daher wenig erfahren.   Die Beduinen haben fast durch=
weg nur eine Frau.   Mehrere Frauen gleichzeitig zu haben
wäre für den armen Beduinen ein Luxus, den er sich nicht
erlauben kann; denn eine Frau kostet Geld.   Im Sinaigebiet

herrscht eine andere Auffassung von Liebe und Ehe als z. B.
in Aegypten. Während hier das Herz kaum eine Rolle
spielt bei der Verheiratung, schon weil sich die Brautleute
vorher nicht sehen können, kann sich bei den Beduinen das
Mädchen wenigstens einer ihm unangenehmen Wahl seitens
seiner Eltern widersetzen. Darüber teilt Burckhardt eine
romantische Geschichte mit, die sich an den Djebel el Benât
knüpft. Zwei Mädchen sollten an ungeliebte Freier verheiratet
werden. Um diesem Schicksal zu entgehen, flüchteten sie sich
auf jenen Berg und stürzten sich zusammengebunden hinunter.
Der Beduine, den ich nach dieser Geschichte fragte, wollte
zwar nichts mehr davon wissen.

Trotz dieser Anzeichen, die auf ein tieferes Gefühl
schließen lassen, ist das Weib auf einer sehr niedrigen Stufe
und ganz die Dienerin des Mannes. „Die Mädchen sind
nichts wert", und die Geburt eines solchen erzeugt keinen
Freudenlärm in einem Zelte. Diese Frauen sind noch Jahr-
tausende hinter unsern Frauenrechtlerinnen zurück. Die
Wüste weiß noch nichts von Emanzipation; es gibt aber
auch noch keine Frauenfrage, denn das numerische Verhältnis
der beiden Geschlechter ist so, daß es keine unverheirateten
älteren Mädchen gibt.

Ich hätte gern eine Mesamereh, eine Sing- und Tanz-
belustigung der Beduinen, mitangesehen, wobei die Mädchen
vor den entzückten Männern graziöse Tänze ausführen; aber
es bot sich keine Gelegenheit dazu. Nach dem, was die
Reisenden über dieses Volksvergnügen berichten, zeigt sich

wieder, daß die Sitte der Wüste unverdorbener und naiver ist als die der Städte, wo öffentliche Tänze von Mädchen meistens eher ein zweideutiges Vergnügen bedeuten.

Einen jungen Beduinen bat ich einmal, mir eine Hodjeineh, ein Liebeslied, zu singen, wie es die jungen Männer in schlaflosen Nächten thun. Ich konnte es ihm nicht verdenken, daß er einem Fremden nicht willfahrte. Um so größer war aber sein Erstaunen und sein Vergnügen, als ich ihm selber eine solche Hodjeineh hersagte, wie ich sie bei Burckhardt, der mehrere mitteilt, gefunden und notiert hatte. Es war ihm ebenso unbegreiflich, wie daß ich wußte, wie ihre Stämme hießen, was für Traditionen sie besaßen 2c. Daß man etwas über sie und ihre Einrichtungen aus Büchern erfahren könne, ist den Beduinen unverständlich, und der Besitz solcher Wissenschaft erfüllt sie mit unverhohlenem Staunen.

Die Sinaibeduinen sind im Gegensatz zu vielen ihrer Stammesgenossen als ehrlich bekannt. Diebstahl kommt kaum vor oder wird wenigstens von den verantwortlichen Persönlichkeiten bestraft. Mein Freund Pastor Wedemann erzählte mir darüber eine hübsche Episode. An einem Lager=platze vermißte einer der Reisenden seine Börse. Der Schech wurde, nachdem der Betroffene selbst alles durchsucht hatte, davon benachrichtigt und aufgefordert, selbst zu suchen. Auch er fand das Vermißte nicht. Eine Untersuchung sämtlicher Leute blieb ebenso erfolglos. Je länger je mehr richtete sich der Verdacht auf einen kleinen Jungen, der unterwegs um

seine Entlassung gebeten hatte. Der Schech sandte darauf
einen seiner Leute zurück, um den Jungen zu suchen. Nach
einiger Zeit kam der Beduine im Trabe zurück, indem er
die vermißte Börse triumphierend in der Rechten schwang.
Das Verfahren, das er nach seiner anschaulichen Schilderung
mit dem bald gefundenen Jungen eingeschlagen hatte, um
ihn zum Geständnis zu bringen, darf sehr einfach genannt
werden. Er erzählte mit sehr bezeichnenden Gesten, wie
er seinen Leibriemen abgeschnallt, dem seine Unschuld be=
teuernden Jungen um den Hals gelegt und „schweije,
schweije" (langsam, langsam) immer fester zugezogen habe.
Zunächst habe der kleine Unhold unter immer stärkern
Schwüren versichert, daß er das Geld nicht genommen habe;
als er aber sah, daß die grausame Hand des Richters nicht
nachließ, als er merkte, daß ihm die Luft allmälig wirklich
auszugehen anfing, da legte er plötzlich ein volles Geständnis
ab, bezeichnete den Ort, wo er die Börse vergraben hatte,
und händigte dieselbe unversehrt dem Manne ein.

Die Prozedur zeigt immerhin, wie streng die Begriffe
der Ehrlichkeit gelten, sobald einmal ein rechtliches Verhältnis
zwischen zwei Personen geschlossen ist.

In der Wüste scheint sich die Behauptung zu erhärten,
daß alle Beschränkung beglücke. Es ist für uns verwöhnte
Europäer mit tausend leiblichen und geistigen Bedürfnissen
fast unbegreiflich, wie zufrieden und glücklich sich der Beduine
in seiner Beschränktheit und Bedürfnislosigkeit befindet. Er
trägt kein Verlangen nach unserer Kultur. Von unseren

Maschinen hört er mit Staunen reden, ohne sie zu begreifen
oder ähnliches zu begehren. Jeden Tag in die Schule
zu gehen oder Militärdienst zu thun oder regelmäßig das
Feld zu bebauen ist ihm ein Greuel. Den Fellah, der
durch solche Dinge einen Teil seiner Freiheit einbüßt, ver=
achtet er deshalb aufs tiefste. Ein politisches Vaterland
kennt er nicht und liebt er nicht. Auf die Drohung hin,
daß die Regierung einmal kommen werde, um Soldaten aus
ihnen zu machen, lachten sie und erwiderten: „Dann gehen
wir nach Schâm (Syrien)." Einer unter unserer stolzen und
freiheitsliebenden Schar zeichnete sich durch einen besonders
hohen und stolzen Sinn aus. Er trug einen ziemlich starken
schwarzen Bart, so daß er im Aussehen mich oft an einen
der assyrischen Großkönige erinnerte, wie sie uns in ge=
waltigen Steinportraits erhalten sind. Ich liebte es, mir
wenigstens den arabischen Babylonierkönig Hammurabbi so
vorzustellen.

Ihre Welt ist eine so ganz andere, daß es unmöglich
ist, sie überhaupt mit unserer abendländischen zu vergleichen.
Wenn man vergleichen will, so darf man höchstens in der
Geschichte der morgenländischen Völker nach Vergleichen suchen,
und dort drängen sie sich allerdings von selbst auf. Aus
diesen Vergleichen mag man Anschaulichkeit gewinnen für die
Entstehungszeit zweier Religionen, der israelitischen und der
muhammedanischen. Denn wenn es auch nicht mehr dieselben
Verhältnisse sind wie damals, so ist es doch dieselbe Luft,
die wir atmen, derselbe Geist, dieselbe semitische Art, die sich

treu geblieben sind durch die Jahrhunderte hindurch, dieselbe
Sprachfamilie, über der etwas von der Monotonie der Wüste
liegt, ja vielfach auch noch dieselben Sitten und Gebräuche,
die sich bis ins Einzelne hinein erhalten haben.

Am liebsten sucht man natürlich nach den Spuren Israels.
Zwar hatte Israel sicherlich den Einfluß ägyptischer Kultur
erfahren und war vielleicht auch bereits von der der großen
asiatischen Reiche gestreift worden; es wurde zu einem Kultur=
volk, während die Beduinen jetzt noch als die wahren Feinde
der Kultur zu betrachten sind; aber trotzdem findet man
vieles, was einen an jene Zeit und jene Anschauungen erinnert.
Unsere Phantasie büßt hier weniger ein als im heiligen
Lande, wo die heutigen, trostlosen Zustände oft ernüchternd
auf unsere neutestamentlichen Vorstellungen einwirken, wie
es auch Naumann ergangen ist. Der Pilger, der die lieben
neutestamentlichen Gestalten, so wie sie uns die abendländische
Auffassung seit Jahrhunderten in die Seele geprägt hat, in
das heilige Land mitbringt und sie dort gehen und leben
sehen möchte, muß oft erfahren, daß sie dort keinen rechten
Platz haben, daß manch liebes Stück Kindervorstellung ver=
sinkt, weil das Land, die Verhältnisse sie nicht mehr zu
tragen vermögen.

Der Vergleich des Wüstenlebens und der Nomadenstämme
mit dem wandernden Israel ist weniger ernüchternd, sondern
belehrend und belebend, wenn man schon auch hier trotz aller
Verwandtschaft des Blutes und der Sitte vorsichtig sein muß
in Vergleichen.

Wie oft sagte ich mir unterwegs: Siehe da, Israel! Wenn wir jenem Schech, der jetzt in ärmlichem Gewande mit seinen zwei Kamelen uns begleitet, Schafe, Rinder, Kamele, Knechte und Mägde geben, warum sollte er nicht so aussehen wie Abraham ungefähr ausgesehen hat? Sollten nicht Isaak und Ismael sich ebenso gezankt haben wie jene kräftigen Beduinenjungen vor dem Zelte! Von Abraham an kommen uns überhaupt in der Wüste die biblischen Geschichten verwandter und vertrauter vor als die frühern, die ein fremdes Gesicht tragen. Die Harimszwistigkeiten des großen Schech Ibrahim, wie Abraham wohl heute genannt würde, und Jakobs begreifen sich leicht in diesem Lande und unter diesem Volke. Die wunderschöne Geschichte der Begegnung Isaaks und Rebekkas atmet nicht nur echt morgenländischen Geist, sondern auch die Sitte selbst erscheint uns vertraut und wohlverständlich in unserer Umgebung. Die rätselhafte Erzählung von der Beschneidung Moses erhält, wenigstens von altarabischen Vorstellungen her, neues Licht. Oder wenn wir den Beduinen von unserm Konservenfleisch gaben und sie sich vorsichtig erkundigten, ob kein Chansir, kein Schweinefleisch darunter sei, bevor sie aßen, so drängte sich der Gedanke an jenes israelitische Gesetz von den reinen und unreinen Tieren von selber auf, zugleich mit dem andern, daß dies offenbar ursemitische Gewohnheit war, die wie so manche andere Gebräuche und Ueberlieferungen existierte, bevor sie litterarisch aufgenommen und kodifiziert wurde. Jenes Opferfest, von dem ich oben erzählte, legt den Gedanken an alt-

israelitische Sitte nahe, wonach jede Schlachtung ein familiäres
Opferfest war.   Das Blut hat noch jetzt eine ähnliche Be=
deutung wie im alten Israel; es wird an heilige Stellen ge=
strichen wie an die Thüre der Moschee auf dem Djebel Mûsa;
auf keinen Fall wird es gegessen.   Das furchtbare Gesetz,
wer Blut vergießt, des Blut soll wieder vergossen werden,
existiert noch heute zu vollem Recht in der Wüste in der Sitte
des thar, der Blutrache.   Die Sitte scheint uns barbarisch
und unmenschlich, und doch mag der berühmte Schech Ibrahim,
Burckhardt, recht haben, wenn er es gerade dieser blutigen Sitte
zuschreibt, daß sich die wilden und uneinigen Beduinenstämme
noch nicht untereinander aufgerieben haben.   Auge um Auge,
Zahn um Zahn, Leben um Leben!   Das weiß jeder, und der
Gedanke an die Blutrache, jedem gegenwärtig, hält manchen
tötlichen Streich zurück und heiligt das Leben.   Wer es ver=
nichtet, wird unstät und muß selbst sein Leben lassen — es ist
das Recht der Wüste, hart und furchtbar wie sie selbst.   Die
Bestellung Bileams zum Fluchen und Beschwören findet in der
Sucht   der Beduinen, Beschwörungen anzustellen, heute noch
ihre Analogie.   Wie damals der Aramäer so steht heute der
Moghebiner, der westliche Araber, im Rufe, Zauberkräfte zu
besitzen, die man besonders gerne zur Hebung von Schätzen ver=
wenden möchte.   Es ist jeder Beduine ein solcher Abdallah jenes
Chamissoschen Gedichts, erfüllt mit unersättlichem Durste nach
verborgenen Schätzen.   Der orientalische Schatzgräber, natür=
lich auch arm an Beutel, ist nicht so selten unter einem Volke,
dessen Phantasie erfüllt ist von Dämonen und Zaubergeschichten.

Die heiligen Steine und Bäume, die dem israelitischen Volke so viel zu schaffen gemacht haben, stehen hier noch in vollem Ansehen.

Die Gastfreundschaft, die in der Wüste so groß ist wie nirgends auf der Welt, erinnert uns wieder an israelitische Sitte, an Abraham und Lot, die es als eine große Ehre ansehen, wenn sie drei müde Wanderer bewirten dürfen.

Die Scheidung der Israeliten in verschiedene Stämme, die sich trotz ihres Bewußtseins der Zusammengehörigkeit gelegentlich auch bekämpften, hat heute noch ihre Analogie in der Bewohnerschaft der Halbinsel.

Die ganze Art und Weise zu leben, zu wandern können wir uns auch für die Israeliten nicht anders vorstellen, als wie die Beduinen es heute noch thun; denn die Wüste erlaubt nicht verschiedene Arten der Lebensführung; auch der Europäer, der lange in der Wüste lebt, bequemt sich schließlich zu der Lebensweise der Beduinen als der einzigen, die auf die Dauer in solcher Umgebung möglich ist.

Aber so zahlreich auch die Züge, Sitten und Gebräuche sind, die wir hier aus uralter, uns wohlbekannter und lieb= gewordener Zeit mit wunderbarer Treue von einem ver= wandten Volke aufbewahrt finden, so bleibt doch für Israel ein Etwas übrig, das ihm bei diesen Vergleichen vor allen andern Völkern zu eigen gehört: sein religiöser Besitz.

Es fällt uns trotz dem Gedanken an Muhammed und die Kultur, zu der er den Anstoß gegeben hat, schwer, uns vorzustellen, daß diese Stämme jemals auf eine Höhe kommen

könnten, wie Israel sie erreicht hat vor allen andern Völkern,
daß sie jemals einen Jesaia oder Jeremia hervorbringen
könnten. Diese Männer waren gewiß nur möglich, weil
es einmal einen Mose gegeben hat. An ihm prallen auch
alle Vergleiche ab. Auch der würdigste, weiseste und mäch=
tigste Schech ist nicht im stande, uns etwa wie für Abraham
ein Bild der Vorstellung für Mose liefern zu können. Er
trägt etwas an sich, das den Vergleich zurückweist. Darum
heißt er auch schlechtweg der Mann Gottes.

Außerdem tritt uns hier der gewaltige Unterschied ent=
gegen, daß Israel eine Geschichte erzeugt hat, die Beduinen
aber noch immer ein Volk ohne Geschichte sind. Wie reich,
abgesehen von ihrem Ursprung und ihrer historischen Ver=
wendbarkeit, ist die Tradition Israels geflossen, wenn wir
sie mit den kärglichen und verworrenen Ueberlieferungen der
Beduinen über ihre Vorzeit vergleichen!

*　　*　　*

Auftauchende Palmbäume schnitten alle derartigen Be=
trachtungen ab. Wir waren durch einen engen Felseinlaß,
el=Buweb, das Pförtchen, genannt, in die herrliche Oase
Firân eingeritten. Nachdem wir einen ganzen Tag lang
durch öde Wüste geritten waren, befanden wir uns plötzlich
inmitten des üppigsten Palmenhaines. Palmen in der Wüste!
Wo es Palmen gibt, da gibt es auch Wasser. Und welch
herrliches, klares Wasser! Ein kleines Bächlein rieselt munter
durch das Thal. Niemand weiß, woher es kommt; es ist

plötzlich da wie durch ein Wunder und ebenso verschwindet
es auch wieder am Ende des Thales.

Wir sprangen ab und legten uns wie Gideons Leute
platt an des Baches Rand, um in vollen Zügen zu trinken.

Ein unbeschreibliches Wonnegefühl erfüllte uns, als wir

Oase Firân.

zu Fuß durch das schöne Thal zogen. Hatten wir in der
Wüste, wo unnötiges Sprechen und Singen nur die Kehle
austrocknet, schweigen gelernt, so brach jetzt die Lebenslust
angesichts dieser lachenden Pracht ungehindert hervor.

Auch die Beduinen waren wie wir selbst plötzlich ganz
andere Menschen geworden. Einer, der in der Nähe wohnte,

bat uns um Urlaub, um sein junges Weib zu besuchen. Er suchte dabei an unsere abendländischen Gefühle zu appellieren, indem er sagte: „Ich will gehen und meine Madama sehen." Wie dieser Ausdruck seinen Weg in die Wüste gefunden hatte, blieb uns dunkel; lachend entließen wir den braunen Burschen.

Die Oase, die sich etwa eine Stunde weit zwischen engen, hohen Bergen dahinzieht, ist dicht mit hochstämmigen Palmbäumen erfüllt, zwischen denen niederes Palmengebüsch aus dem Boden schlägt, so daß die mächtigen Blätter, denen der Stamm noch ganz fehlt, geradezu aus dem Boden herauswachsen. Burckhardt erzählt noch von Dumpalmen, die er in dieser Oase gesehen habe; uns kamen keine solchen mehr zu Gesicht. Jeder Palmbaum hat seinen Besitzer; ein großer Teil gehört dem Kloster. Sie liefern in guten Jahren eine gewaltige Dattelernte, da ein Baum unter günstigen Verhältnissen mehrere Zentner Datteln trägt. Diese werden zu einem Brei zerstoßen, der in kleine Säcke aus Ziegenfell eingenäht wird und als Dattelwurst in den Handel kommt.

Das Bächlein machte uns die lieblichste Musik; wir selbst sangen frohe Wanderlieder, und war das nicht eben eine Amsel, die uns da oben aus dem Palmengebüsch antwortete?

Vor uns her flohen Weiber und Kinder und verkrochen sich in ihre Stroh= und Binsenhütten, während sämtliche Hunde des Thales in Aufregung gerieten und uns bei der Annäherung an eine solche Hütte mit wütendem Gebell empfingen.

Die Oase läuft aus in einen freien Platz, in welchem das Wadi Firân, Wadi Alejât und Wadi Adjéle zusammenstoßen. Die Palmen und das Gebüsch verschwinden, und nur das Bächlein plätschert noch durch den Sand.

Hier thut sich vor dem erstaunten Auge ein wunderbares Bild auf: Der Serbâl zeigt sich nach einer letzten Biegung des Weges plötzlich in seiner ganzen Breitseite. Nicht mit Unrecht hat man ihn den Fürsten der Wüste genannt; denn was trotzige Wildheit der Formen, Kühnheit der Umrisse und imposantes Hinaufstreben betrifft, hat er seinesgleichen nicht

Ende der Oase Firân.

auf der Halbinsel. Unsagbar trotzig steigt er in den blauen Himmel hinauf, gleich als wollte er jeder Besteigung Hohn sprechen. Von seinem Fuße bis zum Scheitel erkennt das Auge keinen grünen Fleck, der auf irgend welche Vegetation schließen ließe. Nur an wenigen Stellen duldet der Granit, wie wir später sahen, kümmerliche Wüstenpflanzen.

Der Serbâl und das Wadi Alejât.

Der Serbâl steht weniger in der Mitte des Gebirgs=
stockes der Halbinsel und ist weniger hoch als der Djebel
Katherin; aber die Aussicht von seinem Gipfel hat doch den
Berichten aller Reisenden zufolge ihre Eigenart, da er näher
am Meere und mehr von andern Bergen isoliert ist. Er
besteht aus fünf Zacken, deren höchste el=Medauwa heißt,
was Leuchthaus bedeuten soll.

Der Schlangen und Moskitos wegen schlugen wir unser
Lager nicht am Bache selbst auf, sondern in der Richtung
nach dem Serbâl hin, an der Stelle, wo sich Wadi Alejât
und Wadi Adjéle von einander trennen.

Es war schnell dunkel geworden, und wir mußten beim
Scheine eines Kerzenlichtes mühsam aus den Tiefen unserer
Kameltaschen heraufsuchen, was wir zum Abendbrot brauchten.

Am andern Morgen machten wir uns frühe auf, um
den Serbâl zu besteigen. Natürlich auch da vorher die uns
längst bekannte Feilscherei mit dem Führer, der uns hinauf=
begleiten sollte. Nachdem wir Allah mehrere Male gebeten
hatten, daß er ihn erleuchten möge, kamen wir endlich überein
und brachen auf.

Der Weg führt durch das Wadi Alejât, das mit vielen
Tarfa= und Sejalbäumen bewachsen ist, die da und dort
zwischen den ungeheuren Felsblöcken stehen, mit denen das
ganze Thal übersäet ist. Schon unterwegs litt ich unter dem
mangelhaften Zustand meines Schuhwerks. Als wir aber
dicht unter der senkrechten Serbâlwand in einer engen Schlucht
aufwärts klettern mußten, wo jeder Weg aufhörte und die

spitzen, harten Felsstücke sich empfindlich durch die zerrissenen
Sohlen spürbar machten, da war endlich in halber Höhe
ein kleiner Schuhnagel, der nicht zu beseitigen war, stärker
als meine Willenskraft. Ich mußte es aufgeben, weiter zu
klettern und vermochte nur einen der nächsten Gipfel zu ersteigen, der eine schöne, wenn auch nicht so umfassende Aussicht bot. Mein Freund kletterte weiter. Ein Schuß gab
mir das Zeichen, daß er den Gipfel erreicht hatte, dessen
Besteigung er als viel schwieriger schilderte als die des Djebel
Katherin. Mit großer Freude vernahm ich, daß er oben
auf der Spitze die Spuren einer frühern Expedition meines
Freundes Wedemann gefunden hatte.

Die Aussicht besteht natürlich wieder aus denselben
Elementen, wilden, schroffen Berghäuptern, tiefen, zerrissenen
Schluchten, dem Meere, und als neues kommt hinzu das
grüne Band der Oase Fîrân. Besonders nach Süden, wo
sich noch unbetretene Gebiete finden, soll die Aussicht von
erschütternder Großartigkeit sein. Dort befinden sich auch
die Ruinen eines alten Klosters, Dêr Sigillye, und die Reste
einer wohlerhaltenen Straße. Am Serbâl selbst finden sich
viele Spuren von Eremitenwohnungen, Treppen und namen t-
lich eine große Zahl sinaitischer Inschriften, die auch schon
unten im Thale auftreten.

Unterwegs zeigte uns unser Führer, der den ganzen
Weg barfuß gemacht hatte, die Spur eines Leoparden.
Merkwürdigerweise haben wir nie Steinböcke zu Gesicht be-
kommen, die sonst, wenigstens in den abgelegenern Gebieten,

nicht selten sind und von den Beduinen gejagt werden. In
der flachern Wüste sahen wir einmal einige Gazellen in der
Ferne vor uns flüchten. Schlangen kommen häufig vor,
auch giftige. Einer der Beduinen, der mich auf der Hin=
reise begleitete, hatte einen Finger durch Schlangenbiß ver=
loren. Nach seiner Erzählung hatte ihm ein Reisender, den
er begleitete, zugerufen, eine Schlange lebendig zu fangen
und ihm versprochen, daß sie ihn nicht beißen würde. Sie
that es aber trotzdem, so daß er gezwungen war, seinen
Finger abzuhacken, um nicht die Hand oder gar das Leben
zu verlieren.

Als wir wieder am Lagerplatz angekommen waren, war
Glaue unterdessen mit der großen Karawane eingerückt.
Unser Lager hatte sich sehr vergrößert; viele Beduinen der
Oase kamen hinzu, um ihre Freunde zu begrüßen und uns
neugierig zu betrachten, und es herrschte mit einem Schlage
ein reges Leben auf dem geräumigen Platze.

Aber was wollte dieses Leben bedeuten neben dem ver=
schwundenen, das einst diese Thäler erfüllt hatte!

Es ist nämlich zweifellos, daß die Oase das alte Pharan
ist, das schon in den ersten Jahrhunderten nach Christi
Geburt eine Bischofsstadt und Centrum vieler anachoretischer
Niederlassungen wurde. Gerade unserm Lagerplatz gegenüber
lag der zirka 30 Meter hohe Hügel el=Meharret, auf dem
sich die Ruine einer alten christlichen Kirche befindet. In
den wilden Thälern ringsum, in Schluchten, Höhlen und
dem harten Fels abgerungenen Wohnungen lebte eine Menge

frommer oder fromm sein wollender Männer, die der heilige
Nilus in Coenobiten, Anachoreten, Eremiten, Asketen, Styliten,
Reclusi, Solitarier, Orantes, Lauriten, Religiosi, Philoso=
phantes, Gyrovagi, Circellionen einteilt, Menschen, die vor
dem Leben, vor der Sünde, vor der Freude, vor dem Weibe
in die Wüste geflohen waren, um hier ein gottseliges Leben
führen zu können. Aber was wir aus erhaltenen Dokumenten
wissen, zeigt uns nur, daß viele unter ihnen sich selbst nicht
entfliehen konnten, und daß sie die Gedanken und Ver=
suchungen, die sie fliehen wollten, auch in die Wüste brachten.

Aus den Schriften des heiligen Nilus, der sich in diese
Einsamkeit zurückgezogen hatte, erfahren wir, daß sich viele
hilfesuchend an ihn, den Bewährten, wandten, damit er ihnen
helfe gegen die Anstürme der Versuchung. Es ist uns eine
ganze Anzahl solcher väterlicher Ermahnungsbriefe erhalten,
die er an die Hilfesuchenden richtete. Dem Mönche Maurianus
schreibt er: „Die Versuchung einer unerträglichen Traurigkeit
und Mutlosigkeit sollst du zerstören können durch häufige
Thränen, rechte Hoffnung und durch die Sehnsucht nach dem
allersüßesten Heiland Jesus.“ Dem Gallus: „Was hat
deine Wanderung, deine mühsame Arbeit und grenzenlose
Anfechtung für einen Zweck, wenn du in deinem Herzen
wieder nach Aegypten zurückkehrst und dich durch Briefe mit
den Familiengliedern in Verbindung erhältst und durch diese
Verwandtenliebe von dem Wege zur Vollkommenheit abirrst?“
Den Cyrillus schilt er wegen seines Murrens, einen andern
wegen seines geistlichen Hochmuts. Dem Styliten Nikander,

wahrscheinlich aber nicht im Sinaigebiet, schreibt er: „Es ist
absurd, auf einer hohen Säule zu stehen, allen sichtbar und
angesehen, innerlich aber von andern Gedanken abgezogen zu
werden, nichts, das der göttlichen Dinge würdig, zu erstreben
und nur süßlich zu schwatzen mit den Weibern." Dem Cyrill
verbietet er, die Frauen anzuschauen, wenn es nicht gerade
nötig sei. Noch herber schreibt er dem Bibillus, er dürfe nicht
einmal im Traume das Antlitz eines Weibes anschauen, ebenso=
wenig mit ihnen verkehren oder lachen oder essen und über=
haupt keinen Sinn mit ihrem pestbringenden Anblick erfüllen.
Den Eugenius demütigt er, er habe noch nicht einmal fünfzehn
Jahre im Mönchsleben zugebracht und halte sich schon für
vollkommen, da er doch noch nicht einmal wisse, was ein Streit
mit den Dämonen sei, noch ein Faustkampf mit dem Teufel.
Den Mönchen Laurentius, Faustus, Epinikus schreibt er:
„Fürchtet nicht die Angriffe der bösen Dämonen, nicht die
Erderschütterungen, die Blitze, die Barbaren, die Bisse der
Drachen, nicht der Schlangen Gezisch und nächtlichen Angriff,
nicht das Gelächter und die Versuchungen unreiner Geister."
Er empfiehlt dagegen Nüchternheit, Fasten, Gebet, Psalmen,
Kniebeugen, Wachen, langes Liegen auf den Knieen, Lesen,
Ruhe, Friede, Demut, Zeichen des Kreuzes, Händearbeit.
Von einem Einsiedler hören wir, daß er sich in die Einsamkeit
zurückgezogen habe, damit er niemand um sich habe, über
den er zornig werden könnte. Nilus erinnert seine Schütz=
linge besonders auch an die Versuchung des Herrn und an
Mose und Elia, die Bürger dieser Einsamkeit gewesen seien.

Wir sehen da in eine Welt von Kämpfen hinein, die sich in dieser weltverlorenen Einsamkeit abgespielt haben, gefährlicher und aufreibender, als wenn die Sarazenen die stillen, sich selbst ertötenden Mönche überfielen. Aus den Ueberresten scheint hervorzugehen, daß diese Gegend dichter von Anachoreten bevölkert war als die Umgebung des jetzigen Sinaiklosters. An den Bergwänden findet man eine Masse Gräber, in denen zu Makrizis Zeiten noch die Leichen gelegen haben sollen. Auch ist es Thatsache, daß die später zu besprechenden sinaitischen Inschriften in diesen Thälern und gerade am Serbâl häufiger vorkommen als am Djebel Mûsa, wenn sie auch dort nicht ganz fehlen.

An andere, bedeutungsvollere Kämpfe erinnert uns diese Oase noch. Fîrân, Pharan, ist schon nach der Meinung älterer Schriftsteller aller Wahrscheinlichkeit nach der Schauplatz der großen Amalekiterschlacht bei Raphidim. Auf dem Hügel el=Meharret soll Moses gestanden sein, dessen betende und segnende Hände nicht müde werden durften, wenn Israel siegen sollte. Palmer hat auch in der That auf diesem Hügel auf einem Plättchen das eingeritzte Bild eines Mannes mit emporgehobenen Armen gefunden, was darauf zu deuten scheint, daß dieser Hügel in früherer Zeit als Schauplatz jener Erzählung angesehen wurde. Ausgangspunkt des Auszuges der Kinder Israel und Ziel desselben sind durchaus umstritten; welcher der Berge der Halbinsel der Sinai des Exodus sei, ist eine Frage, die die verschiedensten Antworten gefunden hat. Daß aber die Schlacht bei Raphidim, die den

Amalekitern geliefert wurde, am Eingang dieser Oase stattfand, wird trotz einiger weniger gegenteiligen Behauptungen fast von den meisten, die den Sinai auf der Halbinsel suchen, angenommen, und diese Annahme wird vielfach geradezu als Ausgangspunkt für die Bestimmung des Sinai der Schrift benützt.

Die festen, unveränderlichen Punkte, um die sich im Orient alles dreht, sind die Quellen, und die meisten Kleinkriege sind, wie schon die Bibel zeigt, Kämpfe um den Besitz derselben. Wenn sie nicht geradezu verschüttet werden, so sind sie bei der Quellenarmut eines trockenen Landes die Orte, die am leichtesten nach der Geschichte zu identifizieren sind. Es ist daher wohl anzunehmen, daß die reiche Quelle des Firânthales damals schon existiert und die fruchtbare Oase geschaffen habe. Es ist erklärlich, daß die Amalekiter sie nicht ohne Kampf preisgeben wollten an ein hergelaufenes Volk. Und so fand wohl vor dieser Oase jene denkwürdige Schlacht statt, die erste, in der die Kinder Israel den Krieg lernten. Mit verdoppeltem Jubel zog die siegreiche Schar unter der Führung Josuas in die Oase ein, jubelnd über den Sieg, den Mose von Jahve erfleht hatte, und jubelnd über die erquickenden Quellen nach dem langen Zuge in der Wüste. Wahrscheinlich hat Israel die fruchtbare Oase nicht so schnell wieder verlassen. Die Nähe der Oase ist einer der Gründe, warum neuere Gelehrte, namentlich Burckhardt, Lepsius und Ebers, den Serbâl als Berg der Gesetzgebung ansehen. Die Frage wird weiter unten noch zur Besprechung kommen.

Vom Wadi Firân nach Suez.

Gegen Abend ließen wir die Wasserfässer aus dem Bächlein füllen. Wir selbst wuschen uns und badeten noch einmal in dem klaren Wässerchen, weil wir wußten, daß von jetzt an für den weitern Teil unserer Reise das Waschen unerlaubter Luxus sei; denn in der quellenarmen Gegend zwischen Firân und Suez braucht man das Wasser zum Trinken und Kochen. Die Beduinen beluden die Kamele, wobei jeder seinem Tier die leichteste Last aufzuladen versuchte.

Unweit der Oase, die wir nun verließen, kamen wir an dem Felsen Hesy el-Chattâtîn vorbei, dem Mose, wie einem Felsen am Djebel Mûsa, Wasser entlockt haben soll. Wir werden später sehen, daß sich zwischen Serbâl und Djebel Mûsa ein gewisser Parallelismus findet, der sich bis in Einzelheiten hineinzieht.

Die Ränder des Wadi zeugten auch hier von der Gewalt
der Fluten, die in der Gewitterzeit durch das Thal stürzen.
Leider war es uns versagt, ein Gewitter in dieser Wüste
mit anzusehen, das nach dem Urteil verschiedener Reisender
zum Großartigsten gehört, das man sich denken kann. Wir
mußten uns damit begnügen, daß unsere Phantasie, an-
gestachelt durch die brennende Hitze, imaginäre Wolken über
die Berge hinaufziehen ließ und sich die Wonne ausmalte,
unter Blitzen und Donnern ein erfrischendes Bad zu genießen. Aber während der ganzen Reise hatte kein Wölkchen,
nicht einmal so groß wie eine Manneshand, den blauen
Himmel zu bedecken vermocht.

Nach wenigen Stunden überraschte uns die Nacht. Schnell
wurde abgesattelt, und im Nu prasselte ein lustiges Feuer.
Aber wir blieben nie lange beim Lagerfeuer sitzen, sondern
jeder suchte sich nach dem Abendbrot bald einen geeigneten
Platz und wickelte sich in seine Decke.

Da der Mond sehr spät aufging, standen wir meist sehr
früh auf, um halb zwei Uhr, um noch in der Kühle der
Nacht reiten zu können. Diese Morgenstunden waren immer
ein einzigartiger Genuß.

Der Aufbruch geschah oft so rasch, daß wir nach wenigen
Minuten im Sattel saßen. Da die Kamele gewöhnt sind,
hinter einander zu gehen, war es mühselig, sich zu unter-
halten. Oft sprach stundenlang keiner ein Wort. Die Träume
der Nacht, die jäh unterbrochen worden waren, spannen sich
weiter, und das Licht des Mondes war so mild, daß es ihre

Gebilde nicht zerstörte. Der Mond war halb und zwar in einer Lage, wie wir sie bei uns in Europa nie sehen, gleichsam liegend wie ein ausgehöhltes Schiffchen, das da oben auf ungeheurem blauem Meere dahinschwimmt.

Dieser liegende Halbmond ist so charakteristisch, daß er wohl Symbol einer großen Religion werden konnte — aber doch ein bedeutsames und ungünstiges Symbol; denn diese Stellung des Gestirns, das durch fremdes Licht leuchtet, läßt sich als abnehmender Mond deuten.

Der Sonnenaufgang war immer ein Ereignis. Die Berge im Osten bekamen helle Ränder; es regte sich am östlichen Himmel; man sah, dort hinter jenen Granitwänden ging etwas vor. Morgenrot lacht voraus. Die Sterne flüchten sich in die dunklern Tiefen des Himmels. Die Träume verbergen sich wieder in den tiefsten Falten der Seele; denn der König des Tages duldet kein solches nächtliches Gesindel unter seinem Regimente. Da plötzlich blitzt sein Auge hinter den Bergen hervor, und Luna verliert entsetzt alle Farbe vor solcher Thatenlust. Mit mächtigem Schritte kommt er hervor wie ein Bräutigam aus seiner Kammer und freuet sich, wie ein Held zu laufen den Weg.

Man begreift in der Wüste, wo sie alles beherrscht, so gut, daß die Sonne den alten Völkern ein Gott war, den man fürchten und anbeten mußte, der Dienst und Opfer verlangte.

Der Charakter der Landschaft änderte sich zusehends. Die großen Formen der Berge verschwanden. Die Wadis wurden

breiter und sandiger, die Höhenzüge, die sie einfaßten, niedriger
und einförmiger.

Gegen Mittag ritten wir durch das Wabi Mokatteb,
das Thal der Inschriften, das den Gelehrten viel Kopf=
zerbrechen verursacht hat. An einem niedern Höhenzuge findet
sich eine Unzahl von Buchstabenzeichen, die flüchtig in den
Fels eingeritzt und teilweise mit unbeholfenen Zeichnungen

Wabi Firân in seinem untern Teile.

geschmückt sind. Schon Cosmas Indikopleustes, der im
6. Jahrhundert hier durchreiste, bemerkte diese merkwürdigen
Inschriften und hielt sie für Zeugnisse der wandernden
Israeliten. Diesem Glauben verdanken die Inschriften ihre
erste Erforschung; ein englischer Bischof setzte in apologetischem
Interesse einen Preis dafür aus.

Die Schwierigkeit, diese Inschriften zu entziffern, war
dieselbe wie bei den Hieroglyphen: sie waren in einer un=
bekannten Schrift geschrieben, zudem so flüchtig und unbeholfen
eingeritzt, daß die Form einzelner Buchstaben oft mehrfach
gedeutet werden konnte. Endlich erleichterte keine Uebersetzung
in eine bekannte Sprache wie beim Stein von Rosette die
Entzifferung. Diese war darauf angewiesen, durch paläo=
graphische Vergleichung altsemitischer Schriftzeichen unter
Anwendung von viel Scharfsinn und Geduld das wahr=
scheinliche Alphabet herzustellen, wobei wie immer Eigen=
namen besonders wertvoll waren.

Durch die Entzifferung wurde allerdings keine große
Weisheit an den Tag gebracht. Es dünkt uns fast der
großen Mühe und Geduld unwert, wenn dabei nichts größeres
herauskommt als die nicht gerade welterschütternde Kunde,
daß ein gewisser Abdallah auch dort gewesen ist und durch
die vielsagende Touristeninschrift wenigstens dokumentiert hat,
daß er schreiben konnte. Und doch sind es oft solche scheinbar
wertlose Steine und Steinchen, mit denen die Wissenschaft
weiterbaut, sei es nun Paläographie oder Archäologie oder
Linguistik. Ja, oft ist sogar die ernste, hehre Klio dankbar
dafür, was ein ungelenker Griffel in einen weltabgelegenen
Stein gemeißelt, und liest mit Seherblick aus und zwischen
den wenig sagenden Zeilen.

Es hat sich herausgestellt, daß für diese Inschriften von
der Urheberschaft Israels keine Rede sein kann. Es sind
nabatäische Inschriften vom ersten vorchristlichen Jahrhundert

an abwärts in einem semitischen Dialekt, der zwischen Arabisch
und Aramäisch steht.

Wichtiger noch als der Inhalt, der meistens nichtssagend
ist, erscheint der Ort und die große Anzahl dieser Inschriften,
die sich auf der ganzen Halbinsel zerstreut finden, hauptsächlich
aber doch an der Straße nach dem Serbâl und auf diesem
selbst. Waren es Touristen, Händler, Wallfahrer, Hirten,
die sich hier verewigten? War der Platz ein Festort oder
nur ein beliebter bequemer Lagerplatz oder ein allgemeiner
Marktplatz? Wurde Baal oder Dusare oder der lebendige
Gott hier verehrt? Die sichere Beantwortung dieser Frage
würde neues Licht auf die Frage nach dem Sinai der ersten
christlichen Jahrhunderte werfen.

Gegenüber dem Dunkel, das noch auf diesen Fragen
liegt, ist wenigstens die Klarheit anerkennenswert, in welcher
sich ein Soldat auf Griechisch über die Christen ausgesprochen
hat: „Ein schlecht Gesindel das! Ich, der Soldat, schrieb's
ganz mit meiner Hand.“

Das Wadi Mokatteb mündet in das Wadi Maghâra,
das altägyptische Bergwerke enthält. Schon die ersten Könige
der vierten Dynastie, Snefru, Chufu (Erbauer der sogen.
Cheopspyramide) ließen, den Inschriften zufolge, hier nach
Mineralien graben, hauptsächlich zur Gewinnung von Kupfer-
erzen und wohl auch Türkisen. Verglichen mit dem Alter
jener Inschriften und Stellen erscheint uns der Auszug der
Kinder Israel verhältnismäßig jung. Als Völker wie Israel
oder die Griechen noch unmündig in der Zeiten Wiege lagen,

da war die ägyptische Geschichte und Kultur schon eine Greisin, und wir können an diese Geschichte nicht anders herantreten als mit derselben Ehrfurcht, die wir dem Alter auch im menschlichen Verkehr erweisen.

Ebers, der als Aegyptologe die Ueberreste untersuchte, hält Wabi Maghâra für das Dophka des israelitischen Stationenverzeichnisses. Er hält es nicht für unwahrscheinlich, daß Mose den Zug der Israeliten hieher gelenkt habe, um israelitische Landsleute, die zur Frohnarbeit in den Minen verurteilt waren, zu befreien und sich auch in den Besitz der Wasservorräte zu setzen, die notwendigerweise für die Minen= arbeiter und die Besatzung hier angelegt sein mußten. Er schließt dies aus einer Notiz des Diodor und des Manetho, wonach der König, um die Götter zu schauen, das Land von den Unreinen und Aussätzigen gereinigt und diese in die östlich vom Nil gelegenen Steinbrüche geschickt habe. Es ist wohl möglich, daß darunter die Fremdlinge und namentlich Hebräer verstanden waren, die ja nach ihrer eigenen biblischen Erin= nerung als Viehhirten den Aegyptern ein Greuel waren.

Es ist allerdings auffallend, daß das letzte Denkmal ägyptischer Könige von Ramses II., dem sogenannten Pharao der Bedrückung, herrührt, dagegen nichts mehr sich findet von seinem Nachfolger Menephta, der von einer Anzahl von Ge= lehrten, allerdings nicht ohne Widerspruch, als der Pharao des Auszuges angesehen wird, obschon er nach einer ägyptischen Quelle im Frieden und in hohem Alter gestorben sein soll. Es ist nicht unmöglich, daß das Aufhören von Nachrichten

gerade um die Zeit des Auszuges mit diesem zusammenhängt,
daß die ägyptische Besatzung von den Israeliten überwältigt,
etwaige israelitische Frohnarbeiter befreit und bei diesem Anlaß
die Mineneinrichtungen zerstört wurden, so daß die spätern
Könige ihre Arbeiten lieber bei Sarbût el=Châdem fortsetzten.
Die dortigen Inschriften schließen sich der Zeit nach ungefähr
an die letzten von Wadi Maghâra an. Zwar berichtet die
Bibel nichts von solchen Kämpfen oder einem Widerstande;
aber die ältesten Ueberlieferungen über den Wüstenzug sind
so wie so spärlich, und das Fehlen ausführlicher Nachrichten
über Kämpfe mit der ägyptischen Besatzung ließe sich am
Ende auch durch den freiwilligen Rückzug derselben vor der
Uebermacht Israels erklären.

Jedenfalls hat der Betrieb dieser Bergwerke nicht wenig
dazu beigetragen, den Holzwuchs der Halbinsel zu verringern,
was gewiß auch von Einfluß auf die Witterungsverhältnisse
resp. die Niederschläge war.

Schon zu wiederholten Malen versuchte man in aben=
teuerlichen Erwartungen die Türkisminen wieder auszubeuten.
Man sieht auf dem isolierten Hügel in Wadi Maghâra
jetzt noch die Reste der Behausung des Majors Mac Donald,
der durch diese seine Bestrebungen ein trauriges Ende fand.
Seitdem sind die Minen verlassen; doch teilte mir mein
Freund Pastor Hermes mit, daß er auf einer seither unter=
nommenen Sinaifahrt die Türkisminen wieder in Betrieb
gefunden habe.

Aus dem Wadi Maghâra führt der Weg über einen

ziemlich steilen und mühsamen Paß, Nakb el=Bubra. Wir
stiegen ab und gingen zu Fuß. Wir hofften noch weit genug
zu kommen, um wenigstens in der Ferne noch das Meer
erblicken zu können; aber wenn wir glaubten, einen freien
Ausblick zu gewinnen, so schob sich wieder ein neuer Hügelzug
vor, bis wir endlich von der Dunkelheit überrascht wurden
und die Karawane zu erwarten genötigt waren.

Wüstenrast.

Selim Sufa, der Dragoman und Koch meiner beiden
Freunde, hatte die Wüste satt. Er sehnte sich nach den
Fleischtöpfen Aegyptens und einer duftenden Nargileh zurück.
Das Farbenspiel der Wüste hatte keinen Reiz mehr für ihn,
und er ließ deshalb so oft als möglich seinen Ingrimm an
den Beduinen aus, was einen nicht geringen Teil unsrer
Unterhaltung ausmachte.

Am nächsten Tage kamen wir an das Meer. Wie ein Gruß aus einer andern Welt rauschten uns seine Wogen entgegen. Eine Welle der Sehnsucht nach lieben Menschen und grünen Fluren ging über unser Herz. Am Ufer lag eine große Menge von Muscheln und Korallen — ein erstaunlicher Reichtum der Formen offenbart sich in diesem Spielzeug des Meeres, das es wie ein großes übermütiges Kind auf die Seite geworfen hat. Wir stiegen ab und sammelten, wie es schon die alten Pilger gethan hatten. Dieses Sammeln war so ergiebig, daß wir nach kurzer Zeit mit unförmlich aufgebauschten Taschen wie wandernde Aquarien einhergingen.

Auf einer Landzunge liegt Râs Abu Zenîme, die schon erwähnte Quarantänestation für Mekkapilger. Wir wurden angehalten von den wenigen ägyptischen Beamten, die in ihrer Einsamkeit froh waren, daß ihnen wieder einmal einige Menschen in die Hände fielen. Im Quarantänelager befand sich kein Mensch mehr. Ich glaube fast, sie hätten uns gerne die Pest an den Hals gewünscht, nur um einen Grund zu haben, uns zu ihrer Gesellschaft dort zu behalten. Da wir aber aus dem Gebirge kamen und durchaus nicht pestverdächtig aussahen, mußten sie uns ziehen lassen.

An einem Felsvorsprung unweit des Meeres schlugen wir unser Lager auf. Es war Sonntag. Wir blieben deshalb einen halben Tag liegen und machten Sonntagsrast, schliefen, lasen und plauderten. Aus dem Rauschen des Meeres suchten wir den Klang heimischer Kirchenglocken

herauszuhören. Abends badeten wir im Meere, das von
einem heftigen Winde aufgeregt wurde. Wie schwere Linien=
regimenter mit blitzenden Helmspitzen kamen die Wogen heran,
eine hinter der andern, manchmal langsam und wuchtig,
manchmal lustig plänkelnd und plätschernd, manchmal wie
in gewaltigem Zorne zum Angriff stürmend und sich über=
stürzend.

Wüste und Meer — wo die beiden, reich an Schönheiten
und Schrecknissen, zusammenkommen, da gibt es einen eigenen
Klang in des Menschen Brust. Und wenn wir hundert
Jahre alt werden, werden wir ihn nicht vergessen.

Der Abend brachte die Farben. Wir wissen jetzt, warum
der Occident farblos und lichtarm erscheint: was die Sonne
an Farben und Licht entbehren kann, das verschwendet sie
hier im Uebermaß an diese einsame Landschaft, wie ein großer
Mensch unbekümmert darum, daß nur wenige ihr Künstler=
werk sehen. Die Berge in der Ferne glühten wie riesenhafte
Amethyste und Rubinen. Als ob das Meer eine ungeheure
goldne Schale voll purpurnen Weines wäre, saßen wir an
seinem Strande und tranken Licht und Farben.

Die Nacht, die diesem Abend folgte, war wundervoll.
Es war eine jener Augustnächte, in der himmlisches Feuer=
werk das Firmament belebt.

Nach arabischer Vorstellung werden die Sternschnuppen
von wachehaltenden Engeln nach den Dämonen geschleudert,
die sich in die Ratsversammlung der Seligen einschleichen
wollen, um dort himmlische Geheimnisse zu erlauschen. Die

treuen Hüter müssen in jener Nacht schweren Dienst gehabt
haben; es herrschte ein ununterbrochenes Bombardement über
unsern Häuptern. Es war schwer einzuschlafen; denn es
war doch zu herrlich, mit träumenden Sinnen der Ocean=
symphonie in der Ferne zu lauschen; aber endlich kam doch
der Sandmann und streute uns Sand, aber wirklichen
Wüstensand, in die Augen. Unser Lager war am andern
Morgen noch mit einer leichten Schicht bedeckt, die der Wind
über uns gestreut hatte.

Unser Lagerplatz deckte sich wahrscheinlich mit dem Lager=
platz am Schilfmeer, von dem die Bibel berichtet.

Am folgenden Tage kamen wir am Djebel Hammâm
Far'ûn vorbei, dem „Berg des Pharaobades“, wo sich
mehrere heiße Quellen befinden. Nach arabischer Vorstellung
wird Pharao immer noch zur Strafe für seine Sünden im
Innern dieses Berges in siedendem Wasser gekocht. Der
Berg bildet eine imposante Klippe, die steil ins Meer abfällt
— ein prachtvoller Höhenzug, um eine riesenhafte Sphinx
daraus zu hauen. Solche Steinhauerarbeit der Phantasie
kostet nichts und füllt die heißen Stunden aus.

Zwar waren diese nie leer in einer Gegend, wo alt=
testamentliche und religionsgeschichtliche Probleme vielfach
noch ungelöst am Wege lagen. Konnte man sich auf den
heiligen Bergen unbekümmert der Führung einer gewaltigen
Tradition überlassen, sich unkritisch und naiv seinem innersten
Erleben hingeben, so erwachten jetzt in der Ebene, wo die
Aufmerksamkeit weniger durch großartige Formen der Natur

abgelenkt wurde, das suchende Denken und die wissenschaft=
lichen Fragen, die immer noch ruhelos über dieser Halbinsel
und den Anfängen des israelitischen Volkes schweben. Alle
jene Fragen nach den Wegen und Stationen jener einzig=
artigen Wanderung der Israeliten, nach ihrer Art zu reisen,
nach ihrer Organisation, ihrer Kultur, ihrem religiösen Besitz
drängten sich jetzt vor, um die Einsamkeit des Tages zu
verscheuchen. Was war aus der Wüste und der durch sie
bedingten Lebensweise zu lernen für das Verständnis der
Anfänge eines Volkes, das für die Religionsgeschichte wie
kein anderes von Bedeutung gewesen ist? Die Anfänge aller
Völker liegen im Dunkel, und das Dunkel läßt das mensch=
liche Erkennen nirgends in Ruhe, ob es nun über Zellen=
vorgängen oder Gedanken oder Völkern liege.

Vorausgesetzt, daß man den Sinai der Israeliten über=
haupt in der Halbinsel suche, lassen sich die einzelnen Stationen
der Israeliten mit größerer oder geringerer Wahrscheinlichkeit
bis nach Raphidim identifizieren. Wenn sich für diese Identi=
fizierung da und dort Schwierigkeiten finden, so sind meines
Erachtens die Schwierigkeiten noch viel größer, die sich den
Ansichten entgegenstellen, die den Sinai im Midianiterland
jenseits des Busens von Akaba oder im Negeb, im Süden
von Palästina, suchen. Für diese Identifizierung sind doch
die Quellen ziemlich sichere Wegweiser. Diese Fragen be=
schäftigten uns deshalb weniger lebhaft; auch die vielumstrit=
tene Länge einer Tagereise quälte unsern Scharfsinn nicht
allzusehr, da wir sahen, wie dehnbar ein solcher Begriff ist.

Wir ritten täglich zwölf bis dreizehn Stunden mit ziemlich schwerfälliger Karawane. Derselbe Weg hätte aber auch in bedeutend kürzerer oder längerer Zeit zurückgelegt werden können, je nach der Art des Reisens.

Unabhängig von allen Ansichten über die Lage des Sinai der Israeliten bleibt die Frage nach der Art und Weise der Erhaltung einer so großen Anzahl von Menschen und Vieh in der Wüste bestehen. Es ist begreiflich, daß diese Erhaltung in der Wüste nach dem glorreichen Auszug aus Aegypten dem alten Israeliten als die größte Wunderthat Jahves vorkam, womit er die großen Wunderthaten an seinem Volke recht eigentlich eröffnet hatte. Die Wüste in ihrer Unwirtlichkeit mußte notwendig den Glauben erzeugen, daß Jahve sein Volk gespeist und getränkt habe, daß die Wüste auf sein Geheiß ihm Brot und Wasser gegeben habe. Dieser Glaube an Jahves führende Macht hindert aber den Wanderer in der Wüste nicht, sich das Leben des Volkes bis in seine Einzelheiten hinein vorzustellen, die weniger die Ueberlieferung, sondern namentlich der Anschauungsunterricht der Wüste selbst ihm aufdrängt; man denkt gerne darüber nach, wie sich das Leben des Volkes nicht nur in seinen Höhepunkten, sondern in der Alltäglichkeit gestaltet habe. Ja, diese Fragen stehen in der Wüste geradezu im Vordergrund, während sich der ferne und mit den Verhältnissen nicht vertraute Bibelleser wohl an der erhabenen, rein religiösen Schlußfolgerung genügen lassen mag, die ein frommes Gemüt aus der Geschichte seines Volkes gezogen hat.

Zunächst ist wohl kein Zweifel darüber, daß die Angabe von 600,000 gerüsteten Männern, die das Volk Israel aufzuweisen gehabt hätte, vielleicht für die Zeit der höchsten Bevölkerungsdichtigkeit Palästinas zutreffen mag, daß sie aber für jene Zeit bedeutend zu reduzieren ist. Es befinden sich gegenwärtig auf der Halbinsel zirka 4000 Beduinen, die mühsam ihr Brot finden.

Ferner ist als ziemlich sicher anzunehmen, daß die Halbinsel früher reicher war an Vegetation. Die Raubwirtschaft der Beduinen ist wohl dazu angethan, Weideland in Wüstenei zu verwandeln. Namentlich die Kohlenbrennerei der Beduinen muß stark unter den Holzbeständen der Halbinsel aufgeräumt haben, und dadurch werden auch die Niederschläge beeinflußt worden sein. Davon hängt wiederum die Vegetation eines Landes ab, die deshalb in der Wüste in den einzelnen Jahreszeiten sehr verschieden ist. Nach den Reisebeschreibungen, die ich vor meiner Reise gelesen hatte, war ich auf reichere Vegetation gefaßt, als ich sie antraf. Jene Reisen waren aber meist im Winter oder im Frühling unternommen worden, wo ein einziger Regenfall grüne Kräuter aus der Wüste hervorlockt. Jetzt war es Hochsommer; außerdem war, wie die Beduinen klagten, im vergangenen Winter kein Regen gefallen, so daß der Mangel an Trinkwasser für Menschen und Vieh auch für sie empfindlich war.

Es war für die Israeliten fast wichtiger, Nahrung für ihr Vieh zu finden denn für sich selbst. Sobald ihr Vieh Nahrung fand, waren sie als echtes Hirtenvolk selbst geborgen,

indem sie teilweise von der Herde leben konnten. Ein großer
Teil derselben wird wohl geradezu als Lasttiere für den
Transport von Lebensmitteln verwendet worden sein.

Endlich sind, wie aus ägyptischen Inschriften hervor=
geht, Einrichtungen vorhanden gewesen, um die zahlreichen
Minenarbeiter der Halbinsel und die Ueberwachungsmann=
schaften, die sich zusammen wohl auf einige Tausende belaufen
konnten, mit Nahrung zu versorgen, sei es durch Karawanen
oder durch Vorratsanlagen. Die Israeliten werden sich
nicht bedacht haben, diese Gunst der Verhältnisse für sich
auszunützen.

Es ist begreiflich, daß in der ältesten biblischen Ueber=
lieferung von alldem nichts steht. Was selbstverständlich
und gewöhnlich war, lag nicht im Interesse der Geschichts=
schreibung. Diese wollte weniger die Thaten Israels be=
schreiben als „die Kriege Jahves.“ Sie war durchaus
religiös bestimmt und rückte daher in ursprünglichem, kindlich
naivem Glauben alles in religiöse Beleuchtung, auch Dinge,
die eine natürliche Erklärung zuließen. Die älteste Geschichte
wollte nichts anderes sein als ein Loblied auf Jahves starken
Arm. Israelitische Geschichte ist immer Religionsgeschichte,
auch da, wo sie keinen pragmatischen Charakter hat. Des=
halb hält sich diese eigentümliche Geschichtsschreibung auch
am liebsten an das Wunder, weil dadurch der Gedanke, der
sie beherrscht, am schlagendsten zum Ausdruck kommt, daß
nämlich Jahve Israels mächtiger Gott ist und es leitet und
trägt mit starker Hand. Sie schreibt nicht für den Historiker

der Nachwelt, sondern für das fromme Gemüt der Gegen=
wart, das sich der Thaten seines Gottes freuen will.

Zu den bereits genannten Ernährungsmöglichkeiten kommt
noch, was sie in der Wüste selbst an Nahrungsmitteln fanden,
Manna und Wachteln. Wenn das Manna der Israeliten
wirklich jene durch einen Stich von coccus manniparus
verursachte Ausschwitzung des Tarfastrauches ist, so spricht
dieser Umstand neben der Feier des Passah für den Früh=
ling als Zeit des Auszuges. Da die Holzbestände noch
nach Zeugnissen christlicher Reisender früher reicher waren,
ist sicher auch die Mannaernte früher reicher gewesen als
heute. So wie das Volk in den ägyptischen Plagen, die
als Naturerscheinungen in Aegypten in schwächerem Maße
immer wieder vorkommen, seines Gottes Hand sah, ebenso
ist es erklärlich, daß es in einer besonders reichen Manna=
ernte Jahves Wundermacht erblickte und das ihm ohnehin
von Aegypten her unbekannte Nahrungsmittel als seine
Gabe pries. Dabei machen wir die interessante Beob=
achtung, wie die Volksetymologie sich nicht bei einem fremden
Namen Mannu, wie ihn Ebers aus einer ägyptischen In=
schrift zitiert, beruhigt, sondern ihn sich auf ihre Weise
deutet und auf jeden Fall einen Sinn darin finden will.
Wachteln gibt es in großer Menge. Unser Koch setzte uns,
solange wir im Klostergarten hausten, viele dieser schmack=
haften Vögel vor. Endlich bringt die Wüste noch eine kleine
Gurkenart hervor, die von den Beduinen gerne gegessen wird.
Im Wadi es=Selél suchte einer der Beduinen jeweils während

des Marsches seinen ganzen Mantel voll solcher Früchte
zusammen. Auch pflegen sie ein gewisses Harz zu kauen,
von dem der Schech erzählte, daß es Hunger und Durst
vertreibe.

Bis zur Oase Firân brauchten die Kinder Israels nur
für wenige Tage Nahrungsmittel für die Reise mitzunehmen,
da dort und wahrscheinlich vorher schon in Elim Getreide und
namentlich Datteln vorhanden sein mußten. Diese werden
von den Orientalen ebenso gern reif wie unreif, frisch oder
getrocknet gegessen. Wenn die Kinder Israels die Amalekiter
geschlagen hatten, war es selbstverständlich, daß sie sich nach
Kriegsrecht ihren Besitz aneigneten und ihre Vorräte als
willkommene Beute an sich rissen.

Es fiel dem Volke, das an Aegyptens Ueppigkeit gewöhnt
war, schwer, die Selbstbeschränkung und die einfache Lebens=
weise zu lernen, die für die Wüste erforderlich ist, die dann
aber auch, wenn sie geübt wird, das Leben in der Wüste
erträglicher gestaltet, als es der Kulturmensch für möglich
hält. Es war uns oft unbegreiflich, mit wie wenig die
Beduinen zu leben verstanden. Wohl fiel meistens etwas
von unserm Tische für sie ab; aber der Schech verzehrte
es gewöhnlich für sich allein und ließ seine Leute zuschauen.
Wir haben keine andern Nahrungsmittel bei ihnen gesehen
als einen kleinen Sack mit Mehl. Davon backten sie mittags
und abends einen Kuchen, den sie in heißer Asche brieten.
Gelegentlich kam noch etwas Käse hinzu.

Das Vieh ist in der Wüste ein zu wertvoller Bestand, als

daß man die Herde durch häufige Fleischnahrung allzusehr
verringern dürfte. Eine Schlachtung ist noch heute ein Fest.

Viel schwieriger bleibt es, sich vorzustellen, wie das nötige
Trinkwasser für Menschen und Vieh zu beschaffen war. Das
war denn auch die fortwährende Klage des Volkes: kein
Wasser! In der ersten Zeit der Wanderung muß der
Mangel besonders empfindlich gewesen sein; denn auf dem
Wege nach Firân gibt es nur wenige Quellen, die bei
weitem nicht so reich sind, um eine große durstende Menge
auf einmal zu tränken. Die Ankunft an einer Quelle mochte
daher gar oft das Signal zu Streit und Zank gegeben
haben. Außerdem ist das Wasser dieser Quellen teilweise
gar nicht trinkbar wegen seiner Bitterkeit, eine Erfahrung,
die die heutigen Reisenden noch in gleicher Weise machen
wie die Israeliten. Zwar kannte Mose, der erfahrene frühere
Hirte, Mittel, um solches Wasser trinkbar zu machen; auch
kannte er geheime Quellen, die zwischen Felswänden eingeschlossen waren und die er dem Volke erschloß. Der
Geologe Fraas erzählt, daß er hoch oben hinter einer halb-
schühigen Granitwand einen Quellenlauf gefunden habe, der
durch ein künstlich von Menschenhand geschlagenes Loch zugänglich gemacht worden sei, obschon sonst nichts in der Nähe
den verborgenen Wasserschatz verriet.

In den Thälern um die großen Sinaigebirgsstöcke ist
genug Wasser vorhanden. Zudem läßt das großartige
Gewitter am Sinai darauf schließen, daß es Regenzeit war,
in der, zwar oft nur in einzelnen Güssen und in großen

Zwischenräumen, gewaltige Wassermassen durch die Thäler strömen und die Quellen speisen. Nach solcher Zeit ist es besonders leicht möglich, in manchen Thalsohlen Wasser zu finden durch bloßes Graben im Sande. Ich habe zu Anfang erzählt, wie die Beduinen auf diese Weise im Wabi es-Sele nach Wasser gruben, obschon auf der Oberfläche weit und breit nichts davon zu sehen war.

Das Brunnenlied im 4. Mose 21, 17 ff. scheint bei einer solchen Gelegenheit entstanden zu sein.

> Quelle auf, o Brunnen! Singt ihm zu!
> Brunnen, den Fürsten gruben, den die Edelsten des Volkes aushöhlten
> Mit ihrem Scepter, mit ihren Stäben!

so begrüßte das Volk die aufsteigende Quelle.

Aber auch wenn man so die Nahrungsmittel der Wüste selbst, den Ertrag der Herden, den mitgenommenen oder eroberten Proviant, bessere Vegetationsverhältnisse und die Gunst der Jahreszeit berücksichtigt, bleibt der Zug des Volkes in der Wüste doch ein Ereignis, bei dem ein frommes Gemüt an Gottes starke Hilfe denkt.

Nachdem das Volk durch den Bundesschluß am Sinai zur Nation und zu einem zusammengehörigen Gottesvolke geeint war, lag es übrigens nahe, den Wasser- und Weide- mangel dadurch weniger drückend zu gestalten, daß man nicht mehr eng zusammengedrängt wanderte, sondern sich zerstreute und in einzelnen Abteilungen und Stämmen eigene Wege, Quellen und Weiden suchte, um sich nur wieder zu vereinigen zu engerer Fühlung, wenn ein gemeinsamer Feind

dies nötig machte, oder wenn die regelmäßigen religiösen Feste
sie zusammenführten. Wir sehen wenigstens in späterer Zeit,
daß einzelne Stämme, wie Ruben, Gad und halb Manasse,
oder einzelne Helden mit ihrem Anhang, z. B. Jair, Nobah
Nu 32, sich unbedenklich vom Volksganzen lösen und auf
eigene Faust Weideland, Quellen und Dörfer sich aneignen.
Es wird uns auch einmal berichtet, daß die Lade Jahves
drei Tagereisen vorausgereist sei. Drei Tagereisen bedeuten
aber in der Wüste schon eine bedeutende Trennung. Als
die Israeliten einmal aus Aegypten ausgeführt worden
waren, als sie sich im Sinaigebiet vielleicht mit verwandten
Stämmen vereint hatten und der Grund zu ihrer nationalen
und religiösen Geschichte gelegt war, da forderte die Wüste
für den weitern Aufenthalt sowohl eine solche Zerstreuung
und Vermeidung dichterer Anhäufung von Volksmassen als
auch eine fortwährende Beweglichkeit und Verschiebung des
Aufenthaltsortes.

Durch diesen losen Verband, der jeden Augenblick, wenn
die Not es gebot, enger gemacht werden konnte, erscheint zwar
die strenge Einheit des Kultus gefährdet, die in den kultus=
gesetzlichen Teilen des Pentateuchs vorausgesetzt ist. Gleich=
zeitig erscheint auch der nationale Zusammenhang lockerer,
als ihn jene Ueberlieferung schildert, wonach die zwölf
Stämme straff einheitlich organisiert zu sein scheinen.

Was den ersten Einwand betrifft, so drängt der An=
schauungsunterricht der Wüste dem Wanderer auf Schritt
und Tritt die Ueberzeugung auf, daß jene einheitlichen, bis

ins Einzelne ausgebildeten kultusgesetzlichen Bestimmungen
nicht den Voraussetzungen entsprechen, die in der Wüste
unabänderlich gegeben sind.

Damit ist nichts ausgesagt gegen die religiöse Einheit
der gemeinsamen Gottesvorstellung, die vielleicht nicht nur
die Stämme des Volkes Israel, sondern auch verwandte
Stämme des Sinaigebietes verband im gemeinsamen Glauben
an Jahve. Dem Midianiter Jethro wenigstens erscheint
der Jahveglaube nicht als etwas Fremdes. Es ist damit
auch nicht ausgeschlossen, daß gemeinsame kultische Gebräuche
und Gesetze eingeführt und beobachtet worden seien; denn
ohne Kultus konnte es überhaupt für die alten Völker keine
Religion geben. Dagegen konnten diese kultischen Gebote
nicht bestehen in solchen, die in der Wüste gar nicht zu
erfüllen sind und die deutlich auf kultiviertes Land hin=
weisen. Erstlinge von den Früchten des Bodens können in
der Wüste nicht dargebracht werden. Olivenöl zum Gottes=
dienst dürfte in der Wüste schwerlich aufzutreiben sein, ebenso=
wenig Wein. Auch die Unterscheidung der vielen reinen und
unreinen Tiere kann schwerlich in der tierarmen Wüste ent=
standen sein, wo es vor·allem keine Wassertiere gibt. Das
humane Gebot, keine Cisternen offen zu lassen, kann in der
Wüste keine Anwendung finden, weist dagegen deutlich auf
Palästina hin, wo es viele Cisternen gibt, u. s. w.

Der Einwand, daß das Gesetz nicht als kodifizierter,
bereits geübter Brauch, sondern als Postulat für die Zukunft
gegeben worden sei, ist nicht stichhaltig, weil gemäß der

Ueberlieferung das Gesetz in seinen ausführbaren Teilen
bereits in der Wüste gehalten wird und kein Unterschied
gemacht ist zwischen aktuellen Geboten, die schon in der Wüste
zu erfüllen sind, und latenten, die erst beim Einzug in das
gelobte Land Rechtskraft bekommen. Die Notwendigkeit einer
solchen Unterscheidung kommt zwar dem Verfasser gelegentlich
zu Bewußtsein.

Wenn es aber auch geboten erscheint, das Kultusgesetz
seiner jetzigen litterarischen Gestalt nach einer spätern Zeit
zu überweisen, so müssen doch gewisse kultische Einrichtungen
und Gebote in jener Zeit bereits bestanden haben oder ein=
geführt worden sein; schon eine Wallfahrt ist nicht denkbar
ohne solche. Obschon wir im Kultusgesetz, wie es uns
vorliegt, nur schwer unterscheiden können zwischen alter Tra=
dition und Neubildungen, für welche jene die Autorität
hergeben mußte, lassen sich darüber doch Mutmaßungen
anstellen. Wenn Jahve mit Israel einen Bund schloß, so
konnte dieser Bund nicht bloß in der gegenseitigen Be=
kräftigung der Zusammengehörigkeit, nicht bloß in dem Satze
bestehen: Jahve der Gott Israels, Israel das Volk Jahves;
sondern er mußte irgendwie zum Ausdruck kommen in Ge=
boten, die in Beziehung auf den Kultus sich wohl mit den
ältesten Formen desselben, mit Opfern und heiligen Festen,
befaßten. Wie man Jahve opfern, wie man ihm Feste feiern
mußte, welche Gaben man ihm bringen durfte — das mußte
durch irgend welche Thora, durch mündliche oder schriftliche
Gesetzgebung festgesetzt worden sein. Auch die Ausbildung

der technischen Seite des Kultus konnte nicht ganz einer spätern Zeit entspringen. Kultische Handlungen haben auch bei den alten Völkern immer ihre ganz bestimmte Form, von der nicht abgewichen werden darf. Daß der Bundes= schluß auch eine ethische Seite hatte, wird als Grund an= zusehen sein, warum Jahve und Israel über die andern Götter und Völker hinauswuchsen.

Die Bedeutung Moses wird dabei weniger in einer detaillierten Kodifikation zu suchen sein, als darin, daß er selber als richtende, leitende und religiös bestimmte Persön= lichkeit inmitten einer noch ungewordenen, rat= und hilflosen Nation stand. Mose selbst, der Mann Gottes, war ihr Gesetz, ihre lebendige Thora, eindringlicher als einzelne gesetz= liche Vorschriften, die er ihnen gab. So legte er durch seine Persönlichkeit den Grund zu einer Gesetzgebungsarbeit, die sich durch viele Jahrhunderte hindurchzog, ein Werk, an dem die Besten der Nation gearbeitet haben und in welchem das ganze nationale und private Leben des Volkes basiert ist auf den einen Grundgedanken, daß Jahve der Herr ist. Ohne Spuren der Entstehungszeit an sich zu tragen, durch die reine und gewaltige Abstraktion gleichsam der Geschichte entrückt, steht der Dekalog als die tiefgreifendste Offenbarung Gottes im menschlichen Geiste der alten Zeit seiner Bedeutung nach mit Recht am Anfang jenes großen Gesetzeswerkes, in dem wie nirgends in der Welt Religion und Sittlichkeit, Humanität und Wohlfahrtspflege ver= eint sind.

Den nationalen Zusammenhang werden wir uns viel enger vorzustellen haben, als er unter den jetzigen Stämmen der Halbinsel, die sich zwar auch als ein Volk fühlen, besteht. Ueberhaupt verwehrt manches trotz der notwendigen ähnlichen Lebensweise einen allzu eingehenden Vergleich Israels mit diesen Stämmen. Israel kam vor allen Dingen aus kultiviertem Lande, wo es trotz einer gewissen Abgeschlossenheit wohl viele kulturelle Einrichtungen, ein ausgebildetes kultisches Ceremoniell und ein gut organisiertes Gerichts= und Heerwesen kennen gelernt haben mußte. Die Kenntnis dieser Verhältnisse muß auch für die Wüste noch nachgewirkt haben. Durch die Rückkehr in das Nomadenleben stand das Volk in Gefahr, wieder auf eine niederere Kulturstufe zurückzusinken, so wie es in Aegypten vielleicht in Gefahr stand, seine nationale Eigenart, Selbständigkeit, Sitte und Religion zu verlieren. Ein solcher Einfluß des Kulturlandes auf nomadische Beduinen ist im Orient in Grenzgebieten überall zu beobachten, so z. B. bei den Beduinen, die um die Gizeh=Pyramiden herum wohnen. Das sind nicht mehr dieselben Wüstensöhne, die aus Tunis und Tripolis herüberkamen.

Um so bewunderungswürdiger erscheint uns daher die Persönlichkeit Moses, der jene Gefahr abgewendet und gerade dazu benutzt hatte, das Volk zur Nation zusammenzuschmieden im Glauben an Jahve, indem er es in der Wüste in eine harte Schule führte. Dort ist es gezwungen, kleinliche Stammesvorurteile aufzugeben, sich von einem Geiste und einem Willen leiten zu lassen, wenn es nicht zu Grunde gehen soll.

Für eine solche Schule der Selbstzucht, in die Jahve sein Volk nahm, gab es keinen bessern Ort als die Wüste. Dort saß es nicht im Fette, so daß es Jahve darob hätte vergessen können. Dort prägte ihm jeder Tag den Glauben ein, daß es in diesen Verhältnissen nur leben könne, wenn Gott mit ihnen sei und für sie sorge. Dort beförderte keine ver= führerische Kultur, wie später wieder in Kanaan, die Ver= mischung mit andern Völkern und andern Religionen. Die Not der Wüste brachte es mit sich, daß ihre Hand wider jedermann war und jedermanns Hand wider sie. Das war die Zeit, da Israel jung war, da Jahve ihn lieb hatte und ihn, seinen Sohn, aus Aegypten rief, wie Hosea dem Volke vorhält.

Die Wüstenwanderung war somit von höchstem erzieher= ischem Werte für das Volk. Der Zweck der Abbiegung in die abgelegene Halbinsel wird verschieden gedeutet. Sie soll statt= gefunden haben, um verwandten Stämmen in der Halbinsel die Hand zu reichen, um israelitische Frohnarbeiter in den ägyptischen Minen zu befreien (Ebers), oder wird zu erklären versucht durch die Ziellosigkeit der Israeliten, die nicht aus= gezogen sein sollen, um Kanaan zu erobern, sondern bloß um in der anstoßenden Wüste dem ägyptischen Drucke zu entgehen. Mögen diese oder jene Gründe mitgespielt haben, so erscheint doch der religiöse Grund als der gewichtigste, den Mose auch dem Pharao gegenüber anführt, daß nämlich Israel Jahve am Sinai ein Fest feiern wollte. Jahve wohnte am Sinai; dort hatte er sich dem Mose geoffenbart, dort bleibt er auch

und läßt sein Volk statt seiner von einem Engel begleiten.
Der Zug erscheint daher als eine Wallfahrt, die etwas
altsemitisches ist.   Daß bei einer solchen kultische Gebote
zu beachten sind, zeigt auch die altarabische Wallfahrt nach
Mekka, der Hagg.

Solange Mose den geistigen Mittelpunkt des Volkes
bildete, mußte es sich seines religiösen Besitzes unmittelbarer
und intensiver bewußt sein als nachher, wo Moses Führung
und lebendige Thora aufhörte und jeder Stamm schließlich
seinen eigenen Weg ging.   Es ist daher begreiflich, wenn die
Zeit der Ansiedlung und des ruhigen Besitzes des Landes
als ein religiöser Rückschritt dargestellt ist.   Dieser bestand
aber nicht in einem Abfall von dem jetzt uns fertig vorliegenden Kultusgesetz, sondern in einer Schwächung seines
nationalen Gottesbewußtseins, das der große Führer in
seinem Volke erweckt hatte.   Erst die nationalen Kriege und
später die Propheten vermochten es wieder aufzurütteln.   Wenn
das religiöse Leben eines Volkes unter dem Zwange einer
starken, gotterfüllten Persönlichkeit sich zu einer gewissen Höhe
und Exklusivität steigern mußte, so ist es ebenso begreiflich,
daß dieses Leben sich wieder verflachen konnte, wenn die
treibende Persönlichkeit fehlte; denn nichts hängt weniger
von der Masse und mehr von der einzelnen gebenden Persönlichkeit ab als gerade das religiöse Leben einer Gemeinschaft.

*   *   *

Am selben Tage kamen wir nach Wadi Gharandel, wahrscheinlich das Elim der Israeliten, wo sie 12 Quellen und 70 Palmbäume fanden. Es finden sich dort jetzt noch eine Anzahl von Quellen und Palmbäumen, von denen die Beduinen mit Steinen Datteln herunterwarfen. Das Wasser ist, wenn auch trinkbar, doch etwas bitter, so daß wir unser

Aufbruch.

lauwarmes Wasser von der Oase Firân her doch vorzogen.

Wir hielten uns nicht in der Oase auf, sondern machten endlich in ebener Wüste Mittagsrast unter einem allein= stehenden Sejalbäumchen. Nachdem wir die spitzigsten Stacheln aus dem Wege geräumt hatten, warfen wir eine Decke über das Bäumchen, um wenigstens für unsere Köpfe Schatten zu haben. Aber die Sonne duldete keine solchen Heimlichkeiten und suchte uns bald von anderer Seite beizukommen, so daß unsere Beine wie Uhrzeiger allmälig sich drehen mußten, wenn wir im Schatten liegen wollten.

Unter den Vorräten war alsgemach ein Artikel nach dem andern ausgegangen, so daß in den letzten Tagen die Monotonie unseres Speisezettels der unserer Umgebung entsprach.

Ain Hawârah, eine bittere Quelle, wahrscheinlich das Marah der Israeliten, ließen wir östlich liegen.

Je näher wir Suez kamen, um so ebener wurde die Wüste, die zuletzt nur noch leichte Wellungen zeigt. Weiß gebleichte Kamelsknochen lagen am Wege. In der Ferne sahen wir in einem abgelegenen Thale eine einsame Palme stehen, die wie in einem traurigen Traume ihre Blätter hängen ließ. Die Sandwinde der Wüste spielen mit ihr und umschmeicheln die einsame Schönheit in heißem Werben, bis sie ihr endlich doch den Untergang bringen.

Die Beduinen wurden gegen das Ende der Reise immer freundlicher und gefälliger, und die Anspielungen und Hinweise auf den zu erwartenden Bakschisch wurden immer häufiger. Sie verstehen es sogar, einen solchen Wink in poetische Form zu kleiden, wie folgender Vers zeigt:

> Heil uns, wir haben gute Herren!
> Gute Herren haben wir mit viel Geld;
> Uns werden die Herren einen Bakschisch geben!
> Allah segne die Herren!

Am sechsten Tage nach unserer Abreise vom Kloster kamen wir bei Tagesanbruch bei Ayûn Mûsa, den Mosesquellen, an, einer sehr üppigen Oase gegenüber von Suez mit mehreren Quellen und vielen Palmen. Ayûn Mûsa, Moses= quellen, ist übrigens eine Bezeichnung, die sich da und dort

Oase Ayûn Mûsa.

findet. So gibt es z. B. noch ein solches Ain Mûsa in der Wüste bei Kairo, ein anderes im Moabiterland unweit des Nebo.

Als wir an den Kanal kamen, ließ uns die Quarantäne=
wache nicht hinüber. Wir waren so genötigt, noch einen
ganzen Tag am Saume der Wüste liegen zu bleiben, bis wir
durch den deutschen Konsul in Suez unsere Freilassung er=
wirkt hatten. Die Wüste wollte uns nicht lassen. Wir
hatten sie trotz unserer Sehnsucht nach kultivierten Verhält=

Ain Mûsa.

nissen doch liebgewonnen, gerade um ihres großen Schweigens,
um ihrer Einsamkeit willen.

Und wie hatte sie uns mit Licht und Wärme durchtränkt!
Genug, um nachher einmal lange, dunkle nordische Tage
wärmen und erleuchten zu können durch den Sonnenglanz
der Erinnerung, der auf jenen Tagen liegt.

Die Wüste zerstreut nicht; sie regt nicht auf; sie kon=
zentriert vielmehr; sie macht schweigsam und nachdenklich
und schafft Raum und Stille für große und heilige Ge=
danken.   Welche Rolle spielt sie nicht in der Geschichte der
Religion! Zwei Religionen sind in ihrem Schoße geboren,
und auch aus der Geschichte des Christentums könnte sie viel
erzählen. Mose und Elia, Johannes, unser Herr, Paulus
und so viele andere fanden in der Einsamkeit der Wüste
die Kraft zu ihrem Reden und Handeln, andere wieder die
Ruhe und den Frieden, die sie unter Menschen vergeblich
gesucht hatten.

Sie schafft sozusagen eine besondere Psychologie; denn
sie besitzt auch eine eigene, geheimnisvolle Psyche, eine große,
warme, schweigende Seele.

Die Sinai-Frage.

So gut uns die Bedeutung des Aufenthaltes des Volkes Israel im Sinaigebiet für die israelitische Religionsgeschichte bezeugt ist, so wenig sicher sind wir in der Bestimmung des heiligen Berges, an dem der große Akt einer Bundesschließung zwischen Jahve und Israel stattfand. Auch wenn man die Hypothesen ablehnt, die den Sinai der Israeliten nicht auf der Halbinsel suchen, ist dadurch die Schwierigkeit nicht geringer geworden; denn das Sinaigebirge der Halbinsel besteht nicht aus einem einzigen Gebirgsstock, der durch seine Isoliertheit und Lage von vornherein den Anspruch erheben könnte, als der heilige Berg angesehen zu werden, sondern aus einer Anzahl bedeutender Berge, deren Lage mehr oder weniger gut mit den spärlichen topographischen und geographischen Schilderungen der biblischen Berichte in Einklang gebracht werden kann.

Es bleibt daher bei der Untersuchung dieser Frage zu berücksichtigen:

1) die mönchische Tradition des jetzigen Sinaiklosters;
2) die arabische Tradition der Beduinen;
3) die altchristliche Ueberlieferung, soweit sie uns in spär-lichen Litteraturresten entgegentritt;
4) die topographischen Momente, die sich aus der israe-litischen Ueberlieferung noch gewinnen lassen.

Die gegenwärtige Ueberlieferung des Klosters nennt den Djebel Mûsa als den heiligen Berg der Gesetzgebung und der Elia=Offenbarung. Diese Ueberlieferung geht in den Hauptzügen mindestens bis ins sechste Jahrhundert zurück, zu Anfang dessen das Kloster gegründet wurde. Da aber die Festung Justinians zum Schutze der bereits in jener Gegend wohnenden Einsiedler erbaut wurde, was ausdrücklich bezeugt ist, ist anzunehmen, daß jene Ueberlieferung noch weiter, bis in die Zeit der ersten Besiedlung jener Orte durch Eremiten, zurückreiche. Dies ist vielleicht noch Ende des dritten Jahrhunderts geschehen. Als das Mönchtum in Aegypten entstand, übte die großartige Einsamkeit und Wildheit der Sinaihalbinsel sehr bald ihre Anziehungs= kraft auf die lebensmüden Asketen Aegyptens aus. Es ist erklärlich, daß vom heiligen Berge aus auch die Lage aller andern biblischen Orte, von denen die Rede ist, bestimmt wurde, und es mag bei dieser Namengebung wohl sehr will= kürlich zugegangen sein. So wird das für die Bestimmung des Sinai so wichtige Raphidim bei el=Watijeh im nahen Wadi esch=Schêch angesetzt, der Ort des brennenden Busches im Kloster selbst, der Hügel, auf dem Aaron das goldene Kalb errichtete, am Eingang des Klosterthales, der Felsen, aus dem Mose Wasser schlug, im Wadi Ledja, der Lagerplatz Israels bei der Gesetzgebung im Wadi Sebajeh, aber auch der Ort, wo die Rotte Korah verschlungen wurde, was nach dem biblischen Bericht nicht in dieser Gegend stattgefunden haben konnte. Der Wunsch, alle die heiligen Orte zeigen zu können und in bequemer Nähe zu haben, war jedenfalls am Sinai eben so findig wie in Jerusalem. Die Neigung zur Legende, die auch in der nichtbiblischen Ueberlieferung des Klosters beobachtet werden kann, befugt uns daher, diese Tradition nur mit großer Vorsicht zu verwerten.

Dieser mönchischen Tradition steht eine arabische der Beduinen zur Seite, ohne sich indessen ganz mit jener zu decken. Nicht daß die Beduinen irgend welche geschichtliche Erinnerungen aus israelitischer Zeit bewahrt hätten; es steht fest, daß die jetzige Bevölkerung, vielleicht mit Ausnahme der Djebelije, erst zur Zeit der Ausbreitung des Islams in die Halbinsel herübergekommen ist. Der größte Teil ihrer Ueber= lieferungen stammt daher entweder von den Mönchen selbst, deren Tradition sie vielfach übernommen haben, oder aus dem Koran, der ja nur sehr verworrene Anschauungen sowohl von der israelitischen als der christlichen Geschichte besitzt. Wo ihre Ueberlieferung nicht geradezu mit der mönchischen sich deckt, haben sie vielfach statt der biblischen Personen, besonders an Stelle Mosis, den Propheten Mohammed oder Salih gesetzt oder der Ueberlieferung eine muslimische Färbung gegeben. Immerhin ist doch für unsere Zwecke zu konstatieren, daß auch den Beduinen der Djebel Mûsa der heilige Berg ist, auf dem sie jetzt noch Opfer darbringen. Der Name Djebel Mûsa gehört dieser Ueberlieferung an; denn die christliche wird kaum nach diesem Namen gegriffen haben, da sie doch die heiligen Namen Sinai und Horeb besaß. Diese letztern Bezeichnungen scheinen den Beduinen unbekannt

zu sein; ein Anklang an letztern findet sich, wie Palmer
bemerkte, in dem Namen des Djebel Aribeh in der Nähe
des Klosters. Was aber speziell der arabischen Tradition
unabhängiges zu eigen gehören mag, ist natürlich von den
frühern Bewohnern der Halbinsel übernommen worden. Wohl
war zur Zeit der muslimischen Invasion bereits christliche
Bevölkerung und eine christliche Stadt auf der Halbinsel;
aber es ist sehr wahrscheinlich und wird durch eine Bemerkung des Koran gestützt, daß auch damals noch sich
heidnische Bewohner auf der Halbinsel fanden, Nomaden,
die dem Christentum weniger leicht zugänglich waren als
die Städtebewohner von Pharan. Jene besaßen von alters
her ihre heiligen Berge und Felsen mit bestimmten Namen.
Es erscheint mir daher nicht ganz unmöglich, daß wenigstens der Name Moses, der sich im Orient an so vielen
Stellen erhalten hat, noch der vorislamischen Ueberlieferung
der Wüstenstämme der Halbinsel angehöre. Gegen eine
solche selbständige Bewahrung dieses Namens und für Uebernahme resp. Uebersetzung aus der Mönchstradition spricht
allerdings die analoge Thatsache, daß die Beduinen am Djebel
Mûsa von den Mönchen auch die Verehrung des Elia übernommen haben, aber nicht ohne sich diesen Namen in die
eigene Sprache zu übersetzen; Elia wird hier wie im Koran
als Chidr verehrt. So wäre es denkbar, daß der Name
Djebel Mûsa indirekt aus der Mönchstradition stammen
würde, obschon diese sicher diesen Namen nicht auf den heiligen
Berg angewendet hat. Er konnte sich aber für die Beduinen

von selbst aus den Geschichten ergeben, die von diesem Berge erzählt wurden.

Wenn so aus der arabischen Ueberlieferung wenig Selb= ständiges zu schöpfen ist, so zeigt sie dagegen deutlich, daß zwischen der Djebel Mûsa=Gegend und den Thälern um den Serbâl eine gewisse Parallelität der Ueberlieferung vorliegt.

So befindet sich sowohl in der Nähe des Djebel Mûsa als des Serbâl ein Djebel Munedja, Berg des Zwie= gesprächs. Während aber der Djebel Munedja in der Nähe des Djebel Mûsa von den Beduinen nicht für heilig ge= halten wird, ist es sein Rivale am Serbâl für die benach= barten Stämme in hohem Maße. Palmer erzählt, daß deshalb eine Beduinenfrau ihm bei der Besteigung des Berges ihr Wassergefäß nicht mitgeben wollte, aus Furcht, er könnte es auf der Spitze des heiligen Berges als Votiv= gabe liegen lassen. Beide Berge sind von geringer Höhe und befinden sich in nächster Nähe eines gewaltigen Bergriesen.

Dieselbe Parallelität zeigt sich in der Ueberlieferung über den Felsen, aus dem Mose Wasser schlug. Während die Ueberlieferung des Klosters diesen Felsen im Wadi Ledja unweit des Klosters zeigt, befindet sich der Fels nach arabischer Ueberlieferung im Wadi Fîrân. Er heißt Heſn el=Chattâtîn, und wer dort kleine Steinhäufchen niederlegt, kann Heilung von Krankheiten erlangen.

Noch stärker spricht für eine solche Parallelität oder vielmehr Rivalität, was wir an Zeugnissen der Vergangenheit besitzen. Schon die äußern Spuren der vielen Eremiten=

wohnungen, Treppen, Inschriften am Serbâl lassen vermuten,
daß auch der Serbâl einst als ein heiliger Berg angesehen
wurde. Es sind uns ferner aus der altchristlichen Litteratur
Zeugnisse erhalten, die bald auf die Heiligkeit des Serbâl,
bald auf die des Djebel Mûsa schließen lassen. Diese
Gründe, die teilweise schon von frühern Reisenden, namentlich
Lepsius, in demselben Sinne verwertet wurden, haben Ebers
dazu bewogen, unter Heranziehung eines großen Materials
die Ansicht zu vertreten, daß der Serbâl der heilige Berg
der ältesten christlichen Ueberlieferung sei und daß er viel
mehr den Anspruch erheben könne, für den Sinai der
Israeliten zu gelten, als der Djebel Mûsa.

Seine Gründe sind nicht alle von gleicher Beweiskraft.
Es sei uns gestattet, die hauptsächlichsten nachzuprüfen.

Zunächst die Berichte über die Gründung des Klosters.
Wir besitzen darüber einen Bericht von Prokop, Justinians
Geheimschreiber, und einen von dem Patriarchen Eutychius
in Alexandrien, der über drei Jahrhunderte nach der Kloster=
gründung lebte. Aus Prokops Bericht ist nicht mit Be=
stimmtheit die Stelle zu erkennen, wo Justinian die Kloster=
festung anlegen ließ. Wir erfahren daraus nur, daß Justinian
den Mönchen eine Kirche baute, die er der Gottesgebärerin
weihte, und für sie gleichzeitig eine starke Feste zum Schutze
vor den Sarazenen errichtete. Doch kommt dieser Unsicherheit
hinsichtlich der Oertlichkeit der Bericht des Eutychius und
die heutige Klostertradition zu Hilfe. Eutychius beschreibt
den Bau und die Stellung der Klosterfestung so genau, daß

jeder, der die Oertlichkeit kennt, in dem dort beschriebenen
Bau Justinians das heutige Kloster im Wadi Schueib
erkennen muß und dabei nicht an irgend eine Stelle in
den Thälern des Serbâl denken kann. Es darf aus diesem
wenn auch nicht gleichzeitigen Bericht, sowie aus der Tra=
dition des Klosters geschlossen werden, daß in der That
der Bau Justinians an der Stelle des heutigen Klosters zu
suchen ist.

Nach Eutychius gab es auf dem Berg Sinai vor der
Gründung Justinians noch keine Klosterbrüderschaft zur Ver=
einigung der Mönche; sie lebten vielmehr zerstreut auf den
Bergen und in den Thälern um den Dornbusch, aus dem
Gott zu Mose gesprochen. Sie hatten nur oberhalb des
Busches einen großen Turm und darin einen Tempel der
Maria. Trotzdem hier die Existenz einer Kirche vor der
Gründung Justinians ausdrücklich erwähnt ist, trotzdem ferner
nach dem Bericht des Eutychius die Mönche dem Kaiser
klagten, daß die Sarazenen ihre Zellen plünderten, „in ihre
Kirchen stürzten, und die Hostien verschlängen," trotzdem
zieht Ebers aus diesem Berichte den Schluß, daß es dort
vor dem Bau Justinians weder Kirchen noch Cönobien
gegeben habe. Der Schluß ist nur für Cönobien zwingend.

In dem Traktat des Ammonius, der uns von dem
Ueberfall der Mönche durch die Sarazenen (im Jahre 370)
berichtet, ist ebenfalls von einem Turme die Rede, in den
sich einige Brüder flüchten konnten beim Nahen des Feindes.
Als die Feinde abgezogen waren, stiegen die Brüder herab

(κατελθόντες), um die Erschlagenen zu begraben. Aus diesem κατελθόντες schließt Ebers, daß der Turm sich auf der Höhe des Berges befunden habe und nicht identisch sein könne mit dem von Eutychius erwähnten, der sicher im Wadi Schueib im heutigen Kloster stand. Es ist aber klar, daß κατελθόντες nicht übersetzt zu werden braucht: ins Thal hinabsteigend, nämlich vom Berge, sondern daß es sich auf das Herabsteigen vom Turme beziehen kann. Die Ansicht liegt daher nahe, daß der Turm des Ammonius identisch sei mit dem des Eutychius, d. h. daß er an Stelle des Klosters im Wadi Schueib gestanden habe bereits vor dem Jahre 370.

Nun sind zwar sowohl Eutychius als Ammonius Zeugen, auf die kein großer Verlaß ist. Eutychius berichtet thatsächlich Unrichtiges, wenn er erzählt, daß auf dem heiligen Berge kein Wasser gefunden werde; zudem schrieb Eutychius einige Hundert Jahre nach den fraglichen Begebenheiten. Ammonius dagegen erweckt kein großes Vertrauen seines legendarischen Berichtes und seiner wahrscheinlichen Abhängigkeit von Nilus wegen. Trotzdem sind sie für die Frage der Oertlichkeit wohl zu benützen, da es sich hier einerseits für den spätern Schriftsteller doch um vorliegende Berichte handeln mußte und andererseits auch legendarische Berichte in Nebenfragen Gewicht bekommen können.

Die acta sanctorum berichten, daß im Jahre 360 von dem heiligen Julian eine Kirche am Sinai erbaut worden sei. Da Ebers, wie oben mitgeteilt, aus Eutychius den voreiligen

Schluß gezogen hat, daß laut seinem Berichte am Djebel Mûsa keine Kirche vor Justinian bestanden habe, ist er genötigt, der obigen Notiz der acta sanctorum gegenüber zu erklären, daß entweder die Nachricht des Eutychius falsch sei oder die Kirche des heiligen Julian nicht am Djebel Mûsa, sondern am Serbâl gestanden habe. Dieses Dilemma besteht aber nicht, und es hindert nichts, diese Kirche Julians am Djebel Mûsa in dem vor Justinian bestehenden Marientempel im Turme zu erblicken.

Was Antonin (zirka 570?) über seine Sinaireise sagt, scheint allerdings nicht auf Augenschein zu beruhen; doch weist sein Bericht, wenn er echt ist, eher auf den Djebel Mûsa als auf den Serbâl. Er spricht von einem Thale zwischen Horeb und Sinai. Am Fuße des letztern sei die Quelle des brennenden Busches eingeschlossen in das Kloster. Die Polemik, die Ebers dieser Stelle wegen gegen Tischendorf führt, als hätte er den Antonin falsch zitiert, rührt davon her, daß Tischendorf den Antoninus de Placentia zitierte, Ebers aber damit ein Zitat des Antoninus Burdigalensis vergleicht, obschon er die beiden Antonine sonst auseinanderhält. Antoninus de Placentia berichtet, man steige drei Meilen auf den Berg; dort sei die Höhle, wo Elias sich verbarg; von dort seien es drei Meilen auf den Gipfel, wo eine Kapelle stehe. Das geht deutlich auf den Djebel Mûsa, schon um der Kapelle willen, die sich auch nach dem Bericht des Eutychius auf dem Gipfel befindet. Auf der Serbâlspitze ist keine Spur einer Kapelle zu entdecken.

Es sei auch noch darauf hingewiesen, daß die Wahl des
Ortes für eine Schutzfeste für die Mönche eine sehr schlechte
genannt werden muß, wie denn der Kaiser nach dem Bericht
des Eutychius in der That ergrimmt ist über den Bau=
meister, dem er wegen dieser schlechten Wahl den Kopf ab=
schlagen läßt. Daß der Ort schlecht gewählt war für ein
Kastell, das man von beiden Seiten beschießen kann, mußte
auch ein wenig einsichtiger Baumeister erkennen. Wenn er
die Klosterfestung dennoch an diesen Ort baute, so müssen
ihn eben noch andere Gründe dazu bewogen haben als bloß
strategische. Die Erklärung drängt sich von selbst heran,
daß es neben der Wasserfülle, die aber auch auf halber
Höhe des Berges vorhanden gewesen wäre, vor allen Dingen
die bereits anerkannte Heiligkeit des Ortes war, die ihn zu
dieser ungünstigen Wahl bestimmte.

Ebers legt großes Gewicht auf den Brief des Kaisers
Marcian, der im Jahre 454 an den Bischof Makarius und
die sinaitischen Mönche schrieb wegen des Erzketzers Theodosius,
der sich bei ihnen aufhalte. Bei dieser Gelegenheit spricht
er von Klöstern, die auf dem Berge Sinai gegründet seien.
Abgesehen davon, daß der Kaiser die Lokalität nicht kannte,
können nur dann mit Sicherheit diese Klöster am Serbâl
gesucht werden, wenn des Eutychius Nachricht aus dem
neunten Jahrhundert, daß es nämlich vor Justinian keine
Klöster am Sinai gegeben habe, richtig ist. Jedenfalls
ist uns ganz unbekannt, wann Klöster am Serbâl ge=
gründet wurden, und es ist durch nichts erwiesen, daß die

Klosteranlagen am Serbâl älter gewesen seien als die am
Djebel Mûsa.

Wenn die angeführten Zeugnisse also in keiner Weise
sicher für die frühere Heiligkeit des Serbâl zeugen, sondern
mindestens ebensogut, wenn nicht teilweise mit größerer
Wahrscheinlichkeit für den Djebel Mûsa sprechen, so gibt es
allerdings noch einige Zeugnisse, in denen nur eine ge=
zwungene Erklärung den Hinweis auf den Serbâl über=
sehen kann.

Nach dem Bericht des Nilus über den Ueberfall der
Mönche ums Jahr 400 sind die Sarazenen, die die Väter
überfielen, im Schutze der Nacht wieder abgezogen. Die
Mönche verbringen nach ihrem Abzug die Nacht bei einem
sterbenden Heiligen, begraben ihn sodann mit den andern
Gefallenen und sind trotzdem noch im stande, in derselben
Nacht zu den Pharaniten zu gelangen, die doch wohl im
Wadi Fîrân zu suchen sind. Es wäre ganz unmöglich gewesen,
Fîrân vom Djebel Mûsa aus zu erreichen, wenn nicht wenig=
stens schon zu Anfang der Nacht aufgebrochen wurde, was
nach dem Berichte nicht der Fall sein konnte. Dagegen ist es
wohl möglich, von einer der Klosteranlagen an der südlichen
Seite des Serbâl Fîrân in wenigen Stunden zu erreichen.
Da in der Erzählung die Rede ist von den Eremiten des
Sinai, scheint sie entschieden auf den Serbâl als den heiligen
Berg und nicht auf den Djebel Mûsa hinzudeuten.

Zwei Erwägungen erschweren immerhin diese Deutung.
Einmal konnte man nach Dêr Sigillîye, wohin Ebers den

Ueberfall verlegt, nur gelangen auf der Straße, die entweder
von Pharan oder von Raithu (Tor) aus durch das Wadi
Sigillije führte. Von Pharan her kamen die Barbaren
sicherlich nicht, da sie dort bemerkt worden wären und Wider=
stand gefunden hätten. Wenn sie dagegen von Raithu aus
gekommen wären, was unwahrscheinlich ist, hätten sie doch
wenigstens von dem Wachtposten bemerkt werden müssen,
der auf dem Serbâl sich befand (eine Spitze des Serbâl
heißt jetzt noch el Madauwa, Leuchthaus); außerdem hätten
sie die Nähe der Pharaniten fürchten müssen, die in sehr
kurzer Zeit den bedrängten Klausnern hätten zu Hilfe kommen
können, ein Umstand, der für die Mûsagegend nicht zutrifft.

Sodann ist dabei die Rede von einem Kloster Geth=
rabbi (Bethrabbi), in welchem auch nach der Erzählung des
Ammonius Mönche erschlagen wurden. Ebers glaubt, dieses
Gethrabbi in der alten Klosteranlage Dêr Sigillije am
Südabhang des Serbâl zu finden. Er hält nämlich den
Ausdruck Dêr Sigillije, was Haus oder Kloster des Notars
bedeuten soll, für eine bloße Uebersetzung des Ausdrucks
Bethrabbi ins Arabische; Bethrabbi soll ebenfalls Haus des
Notars heißen und in Beziehung stehen zu einer Klasse der
Sekte der Paulicianer, die Notarii genannt wurden. Es ist
sehr zweifelhaft, ob Bethrabbi wirklich diesen Sinn hat;
jedenfalls ist die Vermutung Palmers viel einfacher, der
Bethrabbi oder vielmehr Gethrabbi in dem verderbten Namen
des Berges Jerrabbeh in der Nähe des Djebel Mûsa zu
erkennen glaubt. Die Vermutung hat viel für sich und

würde natürlich für den Djebel Mûsa als Ort des Ueberfalls sprechen, wenn sie mit Sicherheit bewiesen werden könnte.

Aus dem Ende des vierten Jahrhunderts ist uns ferner eine Anekdote erhalten, die ebenfalls auf den Serbâl als auf den heiligen Berg zu deuten scheint. Ein Mann drang in das Zelt eines Pharaniten, mit dessen Tochter er verbotenen Umgang pflegte. Auf sein Zureden gab sie dem erzürnten Vater den frommen Abt Nikon am Sinai als Schuldigen an. Dieser trug die ihm auferlegte Exkommunikation und Kirchenbuße trotz seiner Unschuld willig und schweigsam drei Jahre lang, während welcher Zeit er sonntäglich zur Kirche ging, um die Fürbitte der andern zu erbeten, bis endlich dem Schuldigen das Herz schlug und er seine Schuld bekannte.

Ebers schließt daraus, daß Nikon am Serbâl gewohnt habe; denn es wäre unwahrscheinlich, daß er als Schuldiger angegeben worden wäre, wenn er am fernen Djebel Mûsa gewohnt hätte, während die That in dem eine Tagereise entfernten Pharan geschah. Nun zwingt allerdings die An= gabe, daß es sich um ein Zelt handelte, nicht dazu, gerade an Pharan zu denken, wo die Leute in Häusern und Hütten wohnten. Aber die Erzählung scheint anzunehmen, daß Nikon sonntäglich in die Kirche von Pharan kam, was wohl vom Serbâl aus, kaum aber vom Djebel Mûsa aus sich denken läßt. Daß mit der erwähnten Kirche eine Kirche am Djebel Mûsa gemeint sei, würde sich doch nur schwer mit den sonstigen Zügen der Erzählung vereinigen lassen.

Ganz unwiderstritten weist der Bericht des Kosmas auf

den Serbâl als den heiligen Berg. Er reiste anfangs des sechsten Jahrhunderts durch die Arabia Petraea und war der erste, der die sinaitischen Inschriften bemerkte. Er hält Pharan für das alte Raphidim und bemerkt dann weiter, daß der Berg Choreb in der Nähe von Pharan, 6000 Schritte von diesem entfernt, gelegen sei. Damit kann er keinen andern Berg meinen als den Serbâl.

Es kommt noch hinzu, daß auch sonst der Sinai oft in Verbindung mit Pharan genannt wird, so daß es als er= wiesen gelten darf, daß früher einmal der Serbâl als der Sinai der Israeliten betrachtet wurde. Dagegen ist keines= wegs ausgemacht, daß in jener Zeit der Anspruch des Djebel Mûsa geruht habe oder unbekannt gewesen sei.

Der Umstand, daß Palmer auf einem Berge des Fîrân= thales die Spuren einer Kapelle fand, deren Grundrichtung deutlich nach dem Serbâl hin abgeändert wurde, spricht sogar dafür, daß der Anspruch des Serbâl erst später auftrat. Auch haben sich jedenfalls die ersten Eremiten, die in der Halbinsel den Sinai wiederzufinden strebten, bei ihrem Suchen von Erwägungen leiten lassen, die sie nirgend anders= woher nehmen konnten als aus der Bibel selbst. Sie, die die Zahl von 600,000 gerüsteten Männern noch nicht kritisch beschnitten, konnten unmöglich in der Nähe des Serbâl, etwa im Wadi Alejat, einen Lagerplatz für eine solche Menge finden; auch wird ihnen die Nähe des fruchtbaren Thales, das Manna und Wachteln überflüssig macht, eher hinderlich gewesen sein für die großen Gottesthaten, die Jahve am

Sinai seinem Volke erwies. Wenn wir uns den psycho=
logischen Prozeß, der der Bestimmung des heiligen Ortes
vorausgehen mußte — im Falle keine ältere Tradition den
Anschluß erleichterte — rekonstruieren, so dürfen solche Er=
wägungen den frommen Gemütern nicht fremd gewesen sein.

Die Thatsache, daß monophysitische Häresien ihren Weg
auch in die Sinaihalbinsel fanden, läßt die doppelten An=
sprüche um so erklärlicher erscheinen, als wegen der Baute
Justinians anzunehmen ist, daß die Mönche am Djebel Mûsa
nicht von der Ketzerei angesteckt waren, während dies bei den
Mönchen von Pharan der Fall gewesen zu sein scheint. Dann
gilt auch das Zeugnis des Kosmas nur in beschränktem
Maße; denn er war selbst Monophysit und wird daher eher
geneigt gewesen sein, den Behauptungen seiner monophysitischen
Brüder in Pharan Glauben zu schenken als den Anhängern
der verhaßten byzantinischen Orthodoxie am Djebel Mûsa,
wenn deren Existenz und Ansprüche ihm nicht geradezu ver=
schwiegen worden sind.

Daß die Heiligkeit des Serbâl nicht sehr tief in das
Bewußtsein der Bevölkerung eingedrungen war, verrät auch
die Thatsache, daß sich in jener Gegend kein biblischer Name
erhalten hat. Der Name Serbâl deutet etwas höchst In=
differentes an und darf auf keinen Fall mit Baal in Be=
ziehung gesetzt werden. Der Sigillye, welches doch die
bedeutendste Klosterniederlassung am Serbâl gewesen sein
muß, ist nicht ein Name, der auf das doch jedenfalls
berühmte Kloster am Sinai schließen läßt. Es ist ganz

undenkbar, daß die Beduinen, den Mönchen gehorsam, Namen
und Heiligkeit auf einen andern Ort übertragen haben.
Würden die Mönche heute ausziehen und sich einen andern
heiligen Ort aussuchen, so würde der Djebel Mûsa ruhig
fortfahren, so zu heißen, und die heiligen Orte, die den
Beduinen bekannt sind, würden ihre Namen und ihre
Heiligkeit nicht verlieren. Die Tradition, die oft so un=
zuverlässig ist, wo es sich um historische Berichte oder
Ereignisse handelt, ist im Orient außerordentlich zähe in
Bezug auf Oertlichkeiten. Wenn in der Wüste irgend ein
Ereignis vorfällt, so wird der Bericht darüber bald von der
Tradition ausgeschmückt und verändert werden; die Erzählung
wird legendarisch; aber die Erinnerung an die Oertlichkeit
des Ereignisses wird treu bewahrt. Darüber erzählte uns
ein deutscher Pater auf dem Tabor, dem gegenüber mein
Reisegefährte die Tradition angezweifelt hatte, eine fein
beobachtete Episode: An einer Stelle zwischen Jaffa und
Jerusalem war in diesem Jahrhundert ein Mann ermordet
worden. Ein Arzt, der nach vielen Jahren häufig diese
Strecke ritt, hatte einen Diener, der ihn gewöhnlich auf
dieser Route begleitete. So oft sie an jener Stelle vorbei=
kamen, verfehlte der Diener nicht, seinem Herrn zu sagen:
Hier an dieser Stelle ist N. N. ermordet worden. So oft
sie des Weges ritten, wiederholte er die Bemerkung. Die
Mordgeschichte selbst wurde dabei wohl immer mehr aus=
gemalt; aber der Ort der That blieb treu im Gedächtnis
der Leute fixiert.

Die einzige noch vorhandene Erinnerung an die frühere Heiligkeit der Serbâlgegend haftet am Djebel Munedja des Fîrânthales. Dieser wird jetzt noch von den Beduinen für heilig gehalten, während der Djebel Munedja in der Nähe des Djebel Mûsa keinerlei Verehrung genießt. Ich vermute, daß die Heiligkeit des Berges Munedja damit zusammenhängt, daß früher die Muslimen wie die Juden nicht auf den heiligen Berg gelassen wurden, wie denn nach Nilus sogar die Christen sich scheuten, seinen Gipfel zu be= treten. Die nichtchristlichen Bewohner der Halbinsel ver= richteten deshalb ihren Kultus auf einem Berge, von dem aus man den heiligen Berg bequem sehen konnte. Die Heiligkeit des Djebel Munedja am Mûsastock hat sich später nicht erhalten, weil die Muslimen Zutritt zum heiligen Berge selbst erlangten und, wohl unter dem Drucke von mus= limischen Gewalthabern, auf seinem Gipfel selbst eine Moschee errichten durften. So hatten die benachbarten Stämme der Serbâlgegend, von den dortigen Mönchen abhängig, ihren heiligen Berg wie die Stämme der Mûsagegend, die sich auf die Väter am Mûsaberg verließen. Daß beide Berge ihre Heiligkeit demselben Ereignis verdankten, störte die Wüsten= stämme nicht; es lag ihnen mehr an der Heiligkeit des Berges denn an seiner Geschichte.

Die Rivalität des Serbâl hat die Ansprüche des Djebel Mûsa nicht zu unterdrücken vermocht. Noch lange bevor die Bischofsstadt ganz verlassen war, ist der Djebel Mûsa wieder allein als der heilige Berg angesehen worden.

Aber damit sind wir noch nicht am Ende der Frage angelangt. Die Frage nach dem Sinai der Israeliten ist damit noch nicht beantwortet. Aus der christlichen Ueber= lieferung konnte nicht mehr erschlossen werden, als daß neben dem Djebel Mûsa auch der Serbâl eine Zeit lang als der Sinai angesehen wurde. Um weiter zurückzugehen, haben wir keine andern Hilfsmittel, als was die Bibel uns dar= bietet. Der spätern Zeit ist der Sinai ganz aus dem Gesichtskreis getreten. Elia ist der letzte, von dem uns berichtet wird, daß er eine Wallfahrt nach dem Sinai unter= nommen habe. Schon in den biblischen Berichten über die Ereignisse am Sinai hat eine Verschiebung des Gesichts= punktes stattgefunden. Der ursprüngliche Wallfahrtsort und Sitz der Gottheit wurde zum Berg der Gesetzgebung. Den Berichten des Pentateuchs scheint Anschauung des Verfassers zu Grunde zu liegen; ob eigene, ob überlieferte, ist nicht festzustellen. Doch ist sie so unbestimmt gehalten, daß sie uns nicht auf einen bestimmten Berg zu führen vermag.

Der Ausgangspunkt für diese Untersuchung ist Raphidim. Wir haben bereits gesehen, wie Raphidim am besten vor die Oase Firân anzusetzen ist, wo es auch schon die ältern christ= lichen Schriftsteller gesucht haben. Bei Raphidim erfolgte der Angriff der Amalekiter, die den Einzug Israels in die reiche Oase verhindern wollten. Es ist wahrscheinlich, daß das Volk längere Zeit in der Oase verbracht habe, um sich von den Anstrengungen der Wüstenreise und der Schlacht zu erholen. In dem Stationsverzeichnis Nu 33 heißt es sodann: Und sie brachen auf von Raphidim und lagerten in der Wüste Sinai. Nimmt man an, daß das Stationenverzeichnis zwischen zwei Lagerstätten die Länge einer Tagereise setze und daß die Wüste Sinai die Djebel Mûsa=Gegend bedeute, so ist es allerdings schwierig, ein ganzes Volk mit Weib und Kind und Herden diese Strecke von Fîrân bis zum Djebel Mûsa in einem Tage bewältigen zu lassen. Palmer nimmt an, daß die Führer des Volkes den Weg über den Paß Nakb el=Hawa gewählt hätten, welchen Weg sie bequem in einem Tage zurücklegen konnten, während das Volk den weiten Umweg durch das Wadi esch= Schêch genommen haben sollte. Aber für eine große, schwer= fällig reisende Karawane ist diese Strecke kaum in einem Tage zu bewältigen. Ebers glaubt dieser Schwierigkeit durch seine Serbâlhypothese zu entgehen, indem er das Volk von Raphidim nach el=Buweb am obern Ende der Oase ziehen und dort in der Wüste am Sinai, d. h. Serbâl, lagern läßt. Das wäre eine Tagereise von nicht zwei Stunden. Außerdem hat Israel den Amalek vor der Oase geschlagen und gewiß schon während der Schlacht und der Verfolgung die Oase eingenommen bis zu ihrem Ende bei el=Buweb, so daß die besondere Tagereise von Raphidim nach el=Buweb wenigstens von dem Heere schon während der Verfolgung des Feindes gemacht worden wäre. Von el=Buweb läßt Ebers das Volk an den Berg geführt werden im Wadi Alejat. Ebers hat laut seiner Beschreibung das Wadi Alejat nicht betreten; hätte er es gethan, so hätte er kaum zu glauben gewagt, daß ein

Volk in diesem zerrissenen, von ungeheuren Felsen über=
schütteten Thale sich irgendwo aufstellen könnte. Außerdem
ist es nur in beschränktem Maße richtig, daß der Serbâl
ein einzelner Berg sei; er besteht vielmehr aus fünf Spitzen.
Endlich dürfte es von geringem Gewichte sein, wenn Ebers
den gewaltigen Eindruck des Berges für seine Hypothese
verwendet. Es kommt nicht darauf an, den gewaltigsten
Berg zu finden, sondern den heiligen.

Die Schwierigkeit, die für die Djebel Mûsa=Hypothese
entsteht durch die große Entfernung zwischen Fîrân und
Djebel Mûsa, verschwindet, sobald man annimmt, daß im
Stationenverzeichnis die einzelnen Stationen nicht den Halteort
nach einer vollbrachten Tagereise bedeuten, sondern die Orte,
an denen ein festes Lager aufgeschlagen wurde. Es ist sehr
leicht möglich, daß die Karawane, die an einem bestimmten
Orte das Lager aufschlagen wollte, unterwegs Rast machte
und übernachtete, ohne ein Lager aufzuschlagen und ohne
diesen Rastort als eigentlichen Lagerplatz anzuführen.

Dann ist auf jeden Fall festzustellen, daß sich aus dem
frühern biblischen Bericht keine Schwierigkeiten ergeben für
die Annahme, daß der Djebel Mûsa der heilige Berg sei,
während die Topographie der Serbâlgegend jenen Berichten
und besonders dem spätern große Schwierigkeiten entgegenstellt.

Ist einmal erwiesen, daß der Djebel Mûsastock als Wall=
fahrtsziel der Israeliten dem biblischen Bericht wenigstens
nicht widerspricht, so ist es von geringem Belang, sich darüber
zu streiten, ob der heilige Berg in der östlichen Spitze, dem

eigentlichen Djebel Mûsa, oder dem westlichen Gipfel des
Mûsastockes, dem Ras es-Saffaf, zu suchen sei. Wer da
zu viel beweisen will, beweist zu wenig. Für die letztere
Ansicht spricht die Gunst der Oertlichkeit, die in der Ebene
er-Raha einen außerordentlich passenden Lagerplatz darbot
für eine größere Volksmenge.

Mose führte sein Volk zu einem bestimmten, bereits als
heilig bekannten Berg, dessen Heiligkeit wahrscheinlich früher
schon den umliegenden Stämmen bekannt war. Der Name
Sinai klingt auch nicht hebräisch. Wenn dies der Fall war,
dann war nach dem Wegzug der Israeliten die Heiligkeit des
Berges von den Wüstenstämmen, die wohl wieder in ihren
frühern Besitz zurückgekehrt waren, nicht vergessen worden.
Ja, die Erzählung von dem großen Erlebnis Israels an
diesem Berge muß eher dazu beigetragen haben, die Heiligkeit
des Berges zu steigern. Da die nomadisierenden Stämme
der Halbinsel den religiösen und politischen Schwankungen
der alten Welt weniger unterworfen als die Kulturvölker,
so hatten sie weniger Grund, in einem Religionswechsel alte
Heiligtümer zu vergessen über neuen Göttern. Und wenn
auch religiöse Wandlungen eintraten, so blieb doch der Kultus
an den alten heiligen Orten haften, wie dies auch in der
Verdrängung der kanaanitischen Religion durch die israelitische,
in der Ueberwindung des altarabischen Heidentums durch den
Islam der Fall war. Der Sinai blieb deshalb nicht nur
in der Erinnerung Israels der heilige Berg, sondern auch
für die die Halbinsel bewohnenden Stämme, die eher eine

lokale Tradition zu überliefern im stande waren als die
Israeliten. So lange die Halbinsel bewohnt war — und
das war sie sicherlich immer — gab es in ihrem Gebiete
auch einen heiligen Berg, ob nun Jahve oder Baal oder
Dusare oder Mose auf ihm verehrt wurden. Der Kultus
mochte sich ändern; der heilige Ort selbst blieb. Die Geschichten, die von ihm erzählt wurden, mochten von ihm
abfallen und vergessen werden, seine Heiligkeit blieb an ihm
haften, so lange ein Volk in seiner Nähe wohnte, in dessen
Religion heilige Berge, Felsen, Bäume eine Rolle spielten.
Diese Dinge haben auch für das Christentum ihre Bedeutung
nicht ganz eingebüßt.

Es ist deshalb wahrscheinlich, daß die ersten Christen, die
in die Halbinsel kamen, zwar nicht direkte Ueberlieferungen
aus jener Zeit, auch nicht etwa den Namen Sinai, aber
doch einen heiligen Berg vorfanden, zu dem der Kultus der
Wüstenstämme in Beziehung stand. Dann lag der Gedanke
nahe, in diesem heiligen Berg der Nomadenstämme den
gesuchten heiligen Berg der Israeliten wieder zu erkennen,
und die fromme Phantasie konnte ihr Werk beginnen.